校企合作土木建筑类专业精品教材

建筑工程资料管理

主审　杜艳丽

主编　肖　琴　刘　纯　李洪英

内容提要

本书共6个项目，具体包括认识建筑工程资料管理、管理工程准备阶段资料、管理监理资料、管理施工资料、管理竣工图及工程竣工资料、认识建筑工程资料管理软件。

本书结构编排合理，内容系统全面，语言通俗易懂，并配有大量建筑工程资料管理所用的表格范例，集理论性与实用性于一体，可作为各类院校建筑工程技术专业的教材，还可供建筑工程从业人员自学参考。

图书在版编目（CIP）数据

建筑工程资料管理 / 肖琴, 刘纯, 李洪英主编. 上海 : 上海交通大学出版社, 2025. 1. -- ISBN 978-7-313-30977-8

Ⅰ. G275.3

中国国家版本馆CIP数据核字第20242WV323号

建筑工程资料管理

JIANZHU GONGCHENG ZILIAO GUANLI

主　　编：肖　琴　刘　纯　李洪英

出版发行：上海交通大学出版社　　地　　址：上海市番禺路951号

邮政编码：200030　　电　　话：021-64071208

印　　制：捷鹰印刷（天津）有限公司　　经　　销：全国新华书店

开　　本：787 mm×1092 mm　1/16　　印　　张：11.25

字　　数：260千字

版　　次：2025年1月第1版　　印　　次：2025年1月第1次印刷

书　　号：ISBN 978-7-313-30977-8　　电子书号：ISBN 978-7-89564-102-0

定　　价：39.80元

PREFACE 前言

建筑工程资料管理是工程项目管理的一项重要内容。随着建筑市场的不断发展和完善，建筑行业对建筑工程资料管理从业人员的要求越来越高。

为了培养符合行业需求的专业人才，增强学生的就业竞争力，各类院校建筑工程技术专业都开设了建筑工程资料管理课程，并不断对其进行改革和优化。在此背景下，为了更好地满足教学需求，编者精心编写了本书。

本书主要具有以下特色。

1 素质教育，立德树人

党的二十大报告指出：“育人的根本在于立德。”本书积极贯彻党的二十大精神，认真践行“价值塑造、能力培养、知识传授”三位一体的育人理念，将素质教育贯穿整个教学过程。例如，本书在每个项目的开头都明确了“素质目标”，注重提升学生的职业素质；同时在每个项目中设置了“砥节砺行”模块，让学生潜移默化地接受素质教育的熏陶，树立正确的世界观、人生观和价值观。

2 校企合作，工学结合

在编写本书的过程中，编者获得了多位相关专家和一线工作人员的大力支持，充分考虑了建筑工程资料管理相关工作岗位的实际情况，力求使理论知识和岗位需求有机结合，让学生在学习过程中切实掌握相关技能。

3 活页理念，全新形态

为了适应教育改革的形势，落实教育部相关文件精神，本书采用活页式理念进行编写，坚持以应用为主线，在传授学生理论知识的同时，还着力培养学生的专业技能，塑造学生的职业道德与职业意识，旨在培养既懂理论又擅实践的高素质人才。

4 项目驱动，理实一体

全书分为 6 个项目，每个项目以“项目导读→项目要求→项目工单→项目引入→相关知识→项目实施→项目综合考核→项目综合评价”的结构编排内容。

项目导读：介绍项目的主要内容，使学生更好地了解项目概况，掌握学习重点。

项目要求：包括知识目标、技能目标、素质目标，让学生有目的地学习。

项目工单：首先通过思维导图引导学生自主学习本项目的理论知识，然后辅助学生进行分组并做好工作准备，最后指导学生记录学习过程中遇到的问题和解决方法。

项目引入：通过介绍与项目相关的案例，激发学生的学习兴趣，同时提出问题，让学生带着问题学习，达到启发式教学的目的。

相关知识：以“实用、够用”为原则，精讲理论知识，突出实践应用。

项目实施：通过分析、讨论与本项目紧密相关的工程案例，鼓励学生主动思考，锻炼学生的口头表达能力、逻辑思维能力和自信心；同时，每个项目实施的最后设置了“问题分析提示”模块，为学生提供讨论思路。此外，在项目六中，通过操作软件，做出资料表格，让学生了解实际的建筑工程资料管理工作。

项目综合考核：通过填空题、选择题、简答题、案例分析题等各种形式的习题对学生进行考核，旨在让学生查漏补缺，完善自己的知识体系。

项目综合评价：以表格的形式，从知识、技能、素质三个方面对学生的学习成果进行评价，并通过“自我评价”和“指导教师评价”两项综合评价帮助学生了解自己对本项目的掌握情况。

5 模块丰富，点亮课堂

本书在介绍理论知识时设置了“特别提示”“课堂互动”“笔记”等模块。其中，“特别提示”补充介绍相关知识，便于学生理解知识点；“课堂互动”模块可以活跃课堂气氛，提高学生的学习积极性；“笔记”模块可以引导学生在学习过程中记录重点知识，巩固学习成果。

6 表格范例，紧贴岗位

本书根据建筑工程资料管理员岗位的要求，配有大量建筑工程资料表格范例，旨在让学生直接接触工作实际，建立理论与实践的联系，为未来的学习和实践奠定坚实的基础。

7 平台支撑，资源丰富

本书配有丰富的数字资源，读者可以借助手机或其他移动设备扫描二维码观看微课视频，也可以登录文旌综合教育平台“文旌课堂”查看和下载本书配套资源，如微课、课件、教案、课后习题答案等。读者在学习过程中有任何疑问，都可以登录该平台寻求帮助。

此外，本书还提供了在线题库，支持“教学作业，一键发布”，教师只需要通过微信或“文旌课堂”App 扫描扉页二维码，即可迅速选题、一键发布、智能批改，并查看学生的作业分析报告，提高教学效率、提升教学体验。学生可在线完成作业，巩固所学知识，提高学习效率。

本书由杜艳丽担任主审，肖琴、刘纯、李洪英担任主编，刘顺生、李相凤、马慧、陈英、何炼君、施锦芬担任副主编，刘超群、雷雄丽、者晓刚参与编写。由于编者水平有限，书中难免存在疏漏或不当之处，敬请广大读者批评指正。

本书配套资源下载网址和联系方式

网址：https://www.wenjingketang.com

电话：400-117-9835

邮箱：book@wenjingketang.com

片　头

CONTENTS

目 录

项目一

认识建筑工程资料管理

项目导读

完善的建筑工程资料是建筑工程质量验收的必备条件，也是建筑工程进行改建、扩建和维修的重要依据。对建筑工程资料进行管理，能够提高建筑工程的质量、保证建筑工程的安全、提高工作效率等。

本项目主要介绍建筑工程资料的概念、形成、分类与编号，建筑工程资料管理的意义与特征、基本规定和基本流程，以及建筑工程电子文件管理和建筑工程资料管理职责等。

项目要求

知识目标

（1）掌握建筑工程资料的概念、形成、分类与编号。

（2）了解建筑工程资料管理的意义与特征。

（3）理解建筑工程资料管理的基本规定。

（4）掌握建筑工程资料管理的基本流程。

（5）掌握建筑工程电子文件管理的内容。

（6）熟悉建筑工程资料管理的职责。

资料员的一天

技能目标

（1）能看懂建筑工程资料的编号。

（2）能发现实际建筑工程资料管理流程中的问题。

素质目标

（1）养成实事求是的工作习惯。

（2）养成细心周到、按时完成任务的工作作风。

班级＿＿＿＿＿＿ 姓名＿＿＿＿＿＿ 学号＿＿＿＿＿＿

项目工单

1．思维导图

思维导图（见图 1-1）清晰地呈现出了本项目的学习要点。请学生根据思维导图来预习相关知识，以便更有针对性地学习。

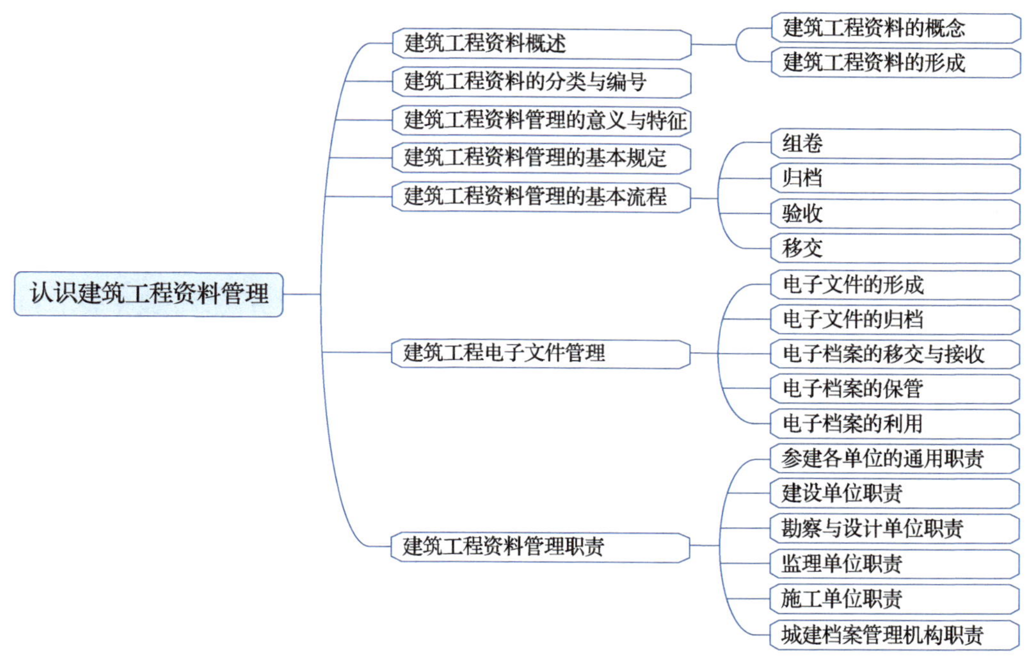

图 1-1　思维导图

2．小组分工

以 3～5 人为一组，选出组长并进行小组分工，将小组成员及分工情况填入表 1-1 中。

表 1-1　小组成员及分工情况

班级		组号		指导教师	
小组成员	姓名	学号	分工		
组长					
组员					

班级____________ 姓名____________ 学号____________

3. 工作准备

将实施过程中所需规范和标准等资料的信息填入表 1-2 中。

表 1-2　实施过程中所需规范和标准等资料的信息

序号	资料名称	编号	备注

4. 成长记录

学习本项目后，学生可以通过实训“分析建筑工程资料管理流程中的问题”来巩固所学的知识，也可将学习过程中遗漏的要点、遇到的问题和解决方法等记录于表 1-3 中。

表 1-3　成长记录表

（可在此处记录学习过程中遗漏的要点、遇到的问题和解决方法等。）

项目引入

某大型建筑工程即将完工，资料移交工作马上就要开始。资料组的小李肩负重任，忙碌地穿梭于各个办公室，着手进行资料移交前的组卷工作。他深知，每一份资料都承载着工程的点点滴滴，这些资料对于后续工作的顺利进行至关重要。

小李细心地翻阅着每一份资料，按照工程进度、施工内容等对资料进行详细的分类和编号。他对待每一份资料都如同对待艺术品一般，力求做到尽善尽美。对于那些缺失或模糊的资料，他不辞辛劳地找到相关负责人进行核实和补充，确保每一份资料都准确无误。

经过几天的辛勤努力，小李终于将所有资料整理得井井有条。他编制了详细的目录和说明，使得每一份资料都能迅速定位，方便后续查阅和使用。

在资料移交会议上，小李将整理好的资料交给了相关部门负责人。他的工作获得了高度赞扬。这份规范的资料不仅为工程的顺利交接提供了有力保障，也为工程未来的维护和改造留下了宝贵记录。

建筑工程资料是如何进行分类和编号的？建筑工程资料管理的基本流程是怎样的？

一、建筑工程资料概述

（一）建筑工程资料的概念

建筑工程资料是指在建筑工程建设过程中形成的各种形式的信息记录，可简称为工程资料。建筑工程资料主要包括工程准备阶段资料、监理资料、施工资料、竣工图及工程竣工资料等。

- **工程准备阶段资料：**建筑工程开工前，在立项、审批、用地、勘察、设计、招投标等工程准备阶段形成的资料。
- **监理资料：**监理单位在对建筑工程设计、施工等进行监理的过程中形成的资料。
- **施工资料：**施工单位在施工过程中形成的资料。
- **竣工图：**建筑工程竣工后，真实反映建筑工程施工结果的图纸。
- **工程竣工资料：**建筑工程竣工验收、备案和移交等活动中形成的资料。

（二）建筑工程资料的形成

建筑工程资料是建筑工程从蓝图到实体、从构想到实现的重要记录。建筑工程资料不仅是建筑过程的真实写照，更是建筑工程质量、安全、进度等方面的有力证明。建筑工程资料的形成过程可分为三个阶段：工程准备阶段、工程实施阶段和工程竣工阶段，其中，工程准备阶段资料的形成过程如图 1-2 所示，工程实施阶段和工程竣工阶段资料的形成过程如图 1-3 所示。

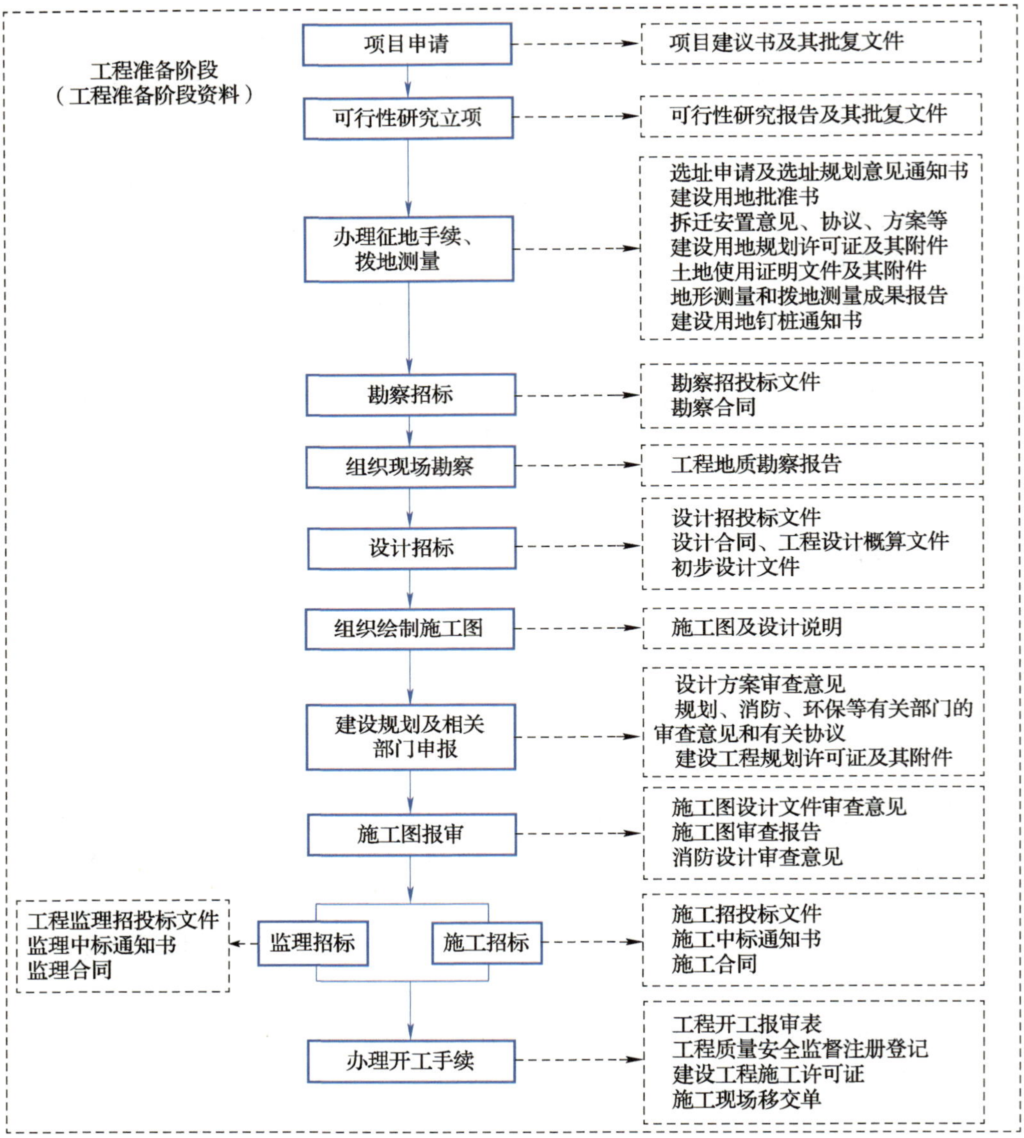

工程准备阶段
（工程准备阶段资料）

- 项目申请 → 项目建议书及其批复文件
- 可行性研究立项 → 可行性研究报告及其批复文件
- 办理征地手续、拨地测量 → 选址申请及选址规划意见通知书；建设用地批准书；拆迁安置意见、协议、方案等；建设用地规划许可证及其附件；土地使用证明文件及其附件；地形测量和拨地测量成果报告；建设用地钉桩通知书
- 勘察招标 → 勘察招投标文件；勘察合同
- 组织现场勘察 → 工程地质勘察报告
- 设计招标 → 设计招投标文件；设计合同、工程设计概算文件；初步设计文件
- 组织绘制施工图 → 施工图及设计说明
- 建设规划及相关部门申报 → 设计方案审查意见；规划、消防、环保等有关部门的审查意见和有关协议；建设工程规划许可证及其附件
- 施工图报审 → 施工图设计文件审查意见；施工图审查报告；消防设计审查意见
- 监理招标 → 工程监理招投标文件；监理中标通知书；监理合同
- 施工招标 → 施工招投标文件；施工中标通知书；施工合同
- 办理开工手续 → 工程开工报审表；工程质量安全监督注册登记；建设工程施工许可证；施工现场移交单

图 1-2　工程准备阶段资料的形成过程

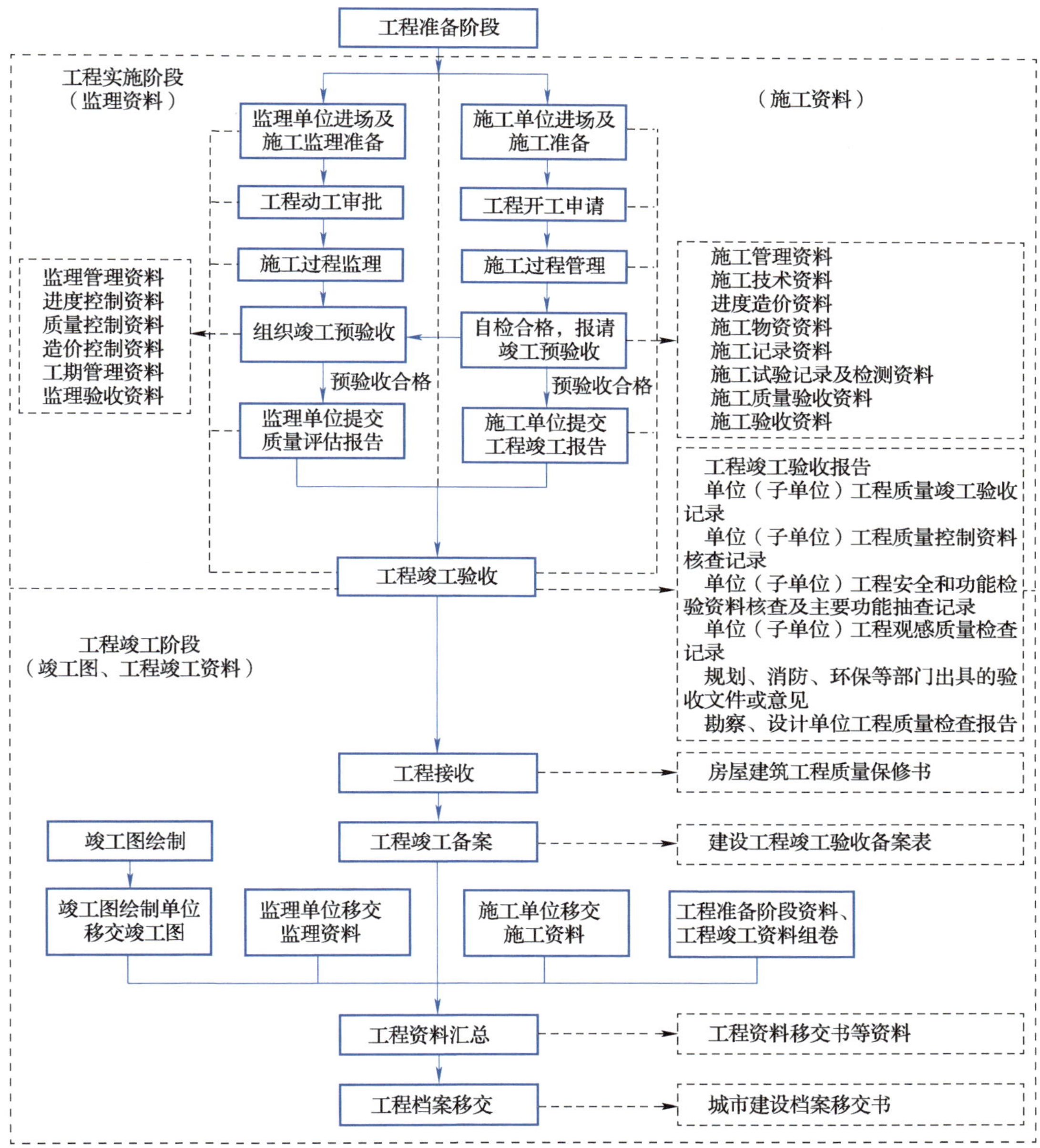

图 1-3　工程实施阶段和工程竣工阶段资料的形成过程

二、建筑工程资料的分类与编号

（一）建筑工程资料的分类

1．建筑工程资料的分类原则

在对建筑工程资料进行分类时，相关人员应当遵循以下原则。

（1）建筑工程资料应按照其类别、来源、形成的先后顺序，以及收集与整理单位的不同进行分类。

特别提示

整理是指按照一定的原则，对建筑工程资料进行挑选、分类、组合、排列、编目，使之有序化的过程。

单位是指参与建筑工程的各个相关方，包括但不限于建设单位、勘察与设计单位、施工单位、监理单位。

（2）施工资料应按照其类别和专业的不同进行分类。

（3）建筑工程资料的分类除执行 GB/T 50328—2014《建设工程文件归档规范（2019 年版）》外，还应执行相应的国家及行业法律、法规、规范、标准及地方有关规定。

2. 建筑工程资料的分类规定

根据 GB/T 50328—2014《建设工程文件归档规范（2019 年版）》，建筑工程资料可分为工程准备阶段资料、监理资料、施工资料、竣工图及工程竣工资料等 5 大类。

（1）工程准备阶段资料可分为立项资料，建设用地、拆迁资料，勘察、设计资料，招投标资料，开工审批资料，工程造价资料，工程建设基本信息资料等 7 小类。

（2）监理资料可分为监理管理资料、进度控制资料、质量控制资料、造价控制资料、工期管理资料、监理验收资料等 6 小类。

（3）施工资料可分为施工管理资料、施工技术资料、进度造价资料、施工物资资料、施工记录资料、施工试验记录及检测资料、施工质量验收资料、施工验收资料等 8 小类。

（4）竣工图可分为建筑竣工图，结构竣工图，钢结构竣工图，幕墙竣工图，室内装饰竣工图，建筑给水排水及供暖竣工图，建筑电气竣工图，智能建筑竣工图，通风与空调竣工图，室外工程竣工图，规划红线内的室外给水、排水、供热、供电、照明管线等竣工图，以及规划红线内的道路、园林绿化、喷灌设施等竣工图 12 小类。

（5）工程竣工资料可分为竣工验收与备案资料、竣工决算资料、工程声像资料等 3 小类。

特别提示

（1）建筑竣工图包括室外装饰、屋面施工、节能专项等的竣工图。

（2）结构竣工图包括地基与基础施工、主体结构施工等的竣工图。

（3）钢结构、幕墙、室内装饰等的竣工图为符合独立组卷要求，在归档时单独进行分类。

（二）建筑工程资料的编号

1. 类别编号

建筑工程资料的类别编号规则如下。

（1）大类编号：工程准备阶段资料、监理资料、施工资料、竣工图及工程竣工资料等 5 大类资料分别编号为 A、B、C、D、E。

（2）小类编号：上述 5 大类资料中所含的小类资料，按照在大类编号 A、B、C、D、E 后加顺序号 1、2、3、……的方式来表示。例如，A 类资料中所含的小类资料为 A1、A2、A3、A4、A5 等。

2. 编号规定

建筑工程资料编号的目的在于为每一份建筑工程资料赋予一个独特且富有意义的标识。这个编号应能够体现出资料的属性和工程部位的类别。依据 GB/T 50328—2014《建设工程文件归档规范（2019 年版）》（以下简称为《规范》）和 JGJ/T 185—2009《建筑工程资料管理规程》（以下简称为《规程》），建筑工程资料编号应遵循如下规定。

《规程》附录 A 表 A.3.1 分部（子分部）工程代号索引表

（1）工程准备阶段资料、监理资料、竣工图及工程竣工资料宜按《规范》附录 A 表 A.0.1 中规定的类别和形成时间顺序编号。

（2）施工资料的编号宜符合下列规定。

① 施工资料编号可由分部、子分部、分类、顺序号 4 组代号组成，组与组之间应用横线隔开，如图 1-4 所示。例如，施工资料编号“01-02-C4-001”可解读为“地基与基础分部工程中有支护土方子分部工程的施工物资资料的第一份文件”。

××-××-××-×××

分部工程代号，可按《规程》附录A表A.3.1的规定执行

子分部工程代号，可按《规程》附录A表A.3.1的规定执行

资料的类别编号，可按《规范》附录A表A.0.1中的规定执行

顺序号，可根据相同表格、相同检查项目，按形成时间顺序填写

图 1-4 施工资料编号

② 属于单位工程整体管理内容的施工资料，其编号中的分部、子分部工程代号可用“00”代替。

③ 同一厂家、同一品种、同一批次的施工物资用在两个分部、子分部工程中时，施工资料编号中的分部、子分部工程代号可按主要使用部位填写。

课堂互动

请大家根据建筑工程资料编号的规定，对下面的建筑工程资料编号进行解读。

（1）01-03-C5-001；（2）02-04-A6-002；

（3）04-05-B4-005；（4）07-01-C3-004。

三、建筑工程资料管理的意义与特征

（一）建筑工程资料管理的意义

建筑工程资料管理是确保建筑工程质量与安全的重要环节，也是建筑工程施工管理程序化、规范化和制度化的具体体现。因此，做好建筑工程资料管理工作具有重要意义，具体如下。

（1）确保建筑工程竣工验收顺利完成。建筑工程竣工验收既包括对建筑工程实体的验收，又包括对建筑工程资料的验收。如果建筑工程资料未经验收或验收不合格，那么建筑工程竣工验收便不能正常进行。因此，对建筑工程资料进行管理，有助于确保建筑工程竣工验收的顺利完成。

笔记

（2）确保建筑工程各阶段的规范化建设。建筑物日常的维修与保养，以及对建筑物的改建、扩建、拆建等工作，都离不开建筑物的施工图及其他相关的建筑工程资料。若建筑工程资料管理不规范，将会给上述工作带来极大的盲目性，甚至会造成危害。因此，参与建筑工程建设的各方应注重对建筑工程资料的管理，确保建筑工程各阶段的规范化建设。

（3）维护企业自身利益和社会信誉。建筑工程资料反映了建筑工程的形成过程，它直接或间接地记录了与建筑工程施工效益紧密相关的信息，如使用材料的品种、数量和质量，采用的技术方案和技术措施，劳动力的安排和使用，工程量的变化等。建筑工程资料是发包人和承包人进行合同结算的重要依据，也是维护企业自身利益的重要依据。同时，建筑工程资料作为建筑工程竣工验收的对象，其质量就如同建筑工程实体质量，反映了企业的素质和技术水平。因此，建筑工程资料管理还是维护企业社会信誉的重要工作内容。

（4）有助于开发利用企业资源。建筑工程资料是企业档案的来源之一，也是企业资源的重要组成部分。企业档案开发利用的途径包括借阅、摘录、复制、汇编、索引、专题研究等。建筑工程资料为企业资源的开发利用提供了基础。

（二）建筑工程资料管理的特征

建筑工程资料管理的特征主要体现在以下几个方面。

（1）真实性和全面性。建筑工程资料只有真实、全面地反映建筑工程的各类信息，包括发生的事故和存在的隐患，才具有实用价值。虚假、片面的信息可能会引起误会，从而造成难以想象的后果。

（2）复杂性。建筑工程的建设周期长，建设过程具有阶段性和季节性，建筑材料种类繁多，生产工艺复杂，因此影响建筑工程的因素有很多。这些因素相互交织，使得建筑工程资料的管理相当复杂。

（3）时效性。有些建筑工程资料一旦生成，需要及时传达给相关部门，否则相关部门可能不予认可，这将会造成严重的后果。因此，建筑工程资料管理具有很强的时效性。

（4）随机性。建筑工程资料产生于建筑工程建设的整个过程中，无论是在建筑工程的立项审批、勘察设计阶段，还是在开工准备、施工、监理或竣工验收等阶段，都会产生各种资料。尤其当影响建筑工程的因素发生变化时，还会随机产生一些由具体事件引发的资料。因此，建筑工程资料管理具有一定的随机性。

（5）综合性。建筑工程常常是综合、系统的工程，涉及建筑、市政、消防等专业，还涉及力学、电子、声学等学科，同时综合了合同、造价等方面的内容。因此，建筑工程资料管理具有很强的综合性。

四、建筑工程资料管理的基本规定

为了保证建筑工程资料管理工作的有效实施，建筑工程资料管理应符合下列规定。

（1）建筑工程资料管理应制度健全、岗位责任明确，并应纳入建筑工程建设管理的各个环节和各级相关人员的职责范围。

（2）建筑工程资料应与建筑工程建设过程同步形成，不得事后补编。

（3）每项建筑工程应编制一套电子档案，并随纸质档案一并移交城建档案管理机构。电子档案签署了具有法律效力的电子印章或电子签名的，可不移交相应纸质档案。

特别提示

城建档案管理机构是指管理本地区城建档案工作的专门机构，以及接收、收集、保管和提供城建档案的城建档案馆和城建档案室。

（4）建筑工程资料的形成应符合下列规定。

① 建筑工程资料形成单位应对建筑工程资料内容的真实性、完整性、有效性负责，由多方形成的建筑工程资料，应各负其责。

② 建筑工程资料的填写、编制、审核、审批、签认应及时进行，其内容应符合相关规定。

③ 建筑工程资料不得随意修改；当需要修改时，应实行划改，并由划改人签署。

④ 建筑工程资料的文字、图表、印章应清晰。

（5）建筑工程资料应为原件；当为复印件时，提供单位应在复印件上加盖单位印章，同时复印件上应有经办人签字及日期。提供单位应对建筑工程资料内容的真实性负责。

（6）建筑工程资料应内容完整、结论明确、签认手续齐全。

（7）建筑工程资料宜按图 1-2 和图 1-3 的主要步骤形成。

（8）建筑工程资料宜采用信息化技术进行辅助管理。

五、建筑工程资料管理的基本流程

建筑工程资料管理是建筑工程资料填写、编制、审核、审批、收集、整理、组卷、归档、验收及移交等管理工作的统称，简称为工程资料管理。这里主要介绍组卷、归档、验收及移交等工作的基本流程。

（一）组卷

组卷是指按照一定的原则和方法，将有保存价值的建筑工程资料分门别类整理成案卷的过程，又称为立卷。案卷是指由互有联系的若干文件组合而成并放入卷夹、卷皮的档案保管基本单位，也是全宗内档案排列、编目和统计的基本单位。其中，全宗是指一个独立的立档单位形成的档案有机整体。

1. 组卷的流程、原则和方法

为了将建筑工程资料进行系统归类和排序，以便后续更好地保存、管理和利用，组卷应遵循明确的流程、原则和方法。

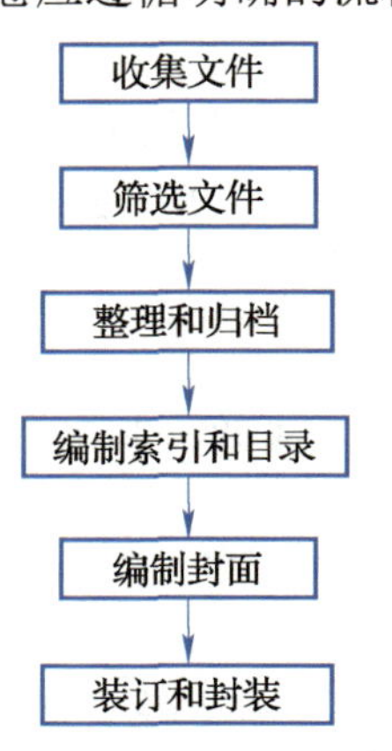

图 1-5　组卷的流程

1）组卷的流程

组卷的流程如图 1-5 所示。

（1）收集文件。按照《规范》或其他标准规定的归档范围，收集所有能够反映建筑工程主题活动全过程的文件。这些文件包括但不限于请示、批复、会议记录与纪要、来往函件、总结报告、计划、合同和协议等。

（2）筛选文件。对收集到的文件进行初步筛选，剔除不相关的文件，确保文件的准确性和完整性。

（3）整理和归档。对筛选后的文件进行整理和归档，可以按照日期、工程名称、文件类型等进行分类，建立清晰的文件体系。

（4）编制索引和目录。对已整理好的文件编制索引和目录，以便后续查找和检索。索引可以按照项目名称、文件编号等进行编制，目录则应包括每个文件的名称、编号、页次等信息，以便浏览和定位。

（5）编制封面。为组卷的文件编制封面，标明案卷题名、编制单位、起止日期等信息。

（6）装订和封装。根据建筑工程资料的类型和保存要求，选择合适的装订方式，如线装、胶装等。根据组卷的要求和建筑工程资料的数量，选择合适的封装方式，如文件夹、文件盒、文件袋等。

特别提示

在组卷的流程中，组卷人员应确保建筑工程资料的完整性，并遵循相关的法律、法规和管理制度。同时，组卷人员应具备专业的建筑工程知识和技能，以确保组卷工作的质量和效率。

2）组卷的原则

（1）组卷应遵循建筑工程资料的自然形成规律和建筑工程专业的特点，并保持卷内文件的有机联系，同时还应便于工程档案的保管和利用。

（2）建筑工程资料应按不同的形成、整理单位及建设程序，按工程准备阶段资料、监理资料、施工资料、竣工图、工程竣工资料分别进行组卷，并可根据数量多少组成一卷或多卷。

（3）当一项建筑工程由多个单位工程组成时，建筑工程资料应按单位工程组卷。公共部分的资料可以单独组卷。当单位工程资料出现重复时，可将原件归入其中一个单位工程，不必在其他单位工程中再次归档，但应说明清楚。

（4）不同载体的资料（如纸质资料、电子资料等）应分别组卷。

3）组卷的方法

（1）工程准备阶段资料应按建设程序、形成单位等进行组卷。

（2）监理资料应按单位工程、分部工程或专业、阶段等进行组卷。

（3）施工资料应按单位工程、分部（分项）工程进行组卷。

（4）竣工图应按单位工程分专业进行组卷。

（5）工程竣工资料应按单位工程分专业进行组卷。

（6）电子文件组卷时，每个工程（项目）应建立多级文件夹，并与纸质资料在案卷设置上保持一致，同时建立相应的标识关系。

（7）声像资料应按工程建设各阶段组卷，重大事件及重要活动的声像资料应按专题组卷，声像档案与纸质档案应建立相应的标识关系。

特别提示

(1) 专业承(分)包施工的分部、子分部(分项)工程应分别单独组卷。

(2) 室外工程应按室外建筑环境和室外安装工程单独组卷。

(3) 当施工资料中部分内容不能按一个单位工程分类组卷时,可按建筑工程组卷。

(4) 不同幅面的工程图纸,应统一折叠成A4幅面(297 mm×210 mm)。对工程图纸进行折叠时,应图面朝内,首先沿标题栏的短边方向以W形折叠,然后沿标题栏的长边方向以W形折叠,并使标题栏露在外面。

(5) 案卷不宜过厚,文字材料案卷厚度不宜超过20 mm,图纸案卷厚度不宜超过50 mm。

(6) 案卷内不应有重份文件。印刷成册的建筑工程资料宜保持原状。

(7) 建筑工程电子文件的组织和排序可按纸质文件进行。

2. 卷内文件的排列

卷内文件的排列应符合下列规定。

(1) 卷内文件应按《规范》的类别和顺序排列。

(2) 文字材料应按事项、专业顺序排列。同一事项的请示与批复、同一文件的印本与定稿、主体与附件不应分开,并应按批复在前、请示在后,印本在前、定稿在后,主体在前、附件在后的顺序排列。

(3) 图纸应按专业排列,同专业图纸应按图号顺序排列。

(4) 当案卷内既有文字材料又有图纸时,文字材料应排在前面,图纸应排在后面。

3. 案卷的编目

案卷的编目是指按照一定的规范要求,通过一定形式,固定建筑工程资料整理成果,揭示其内容、成分的工作。案卷的编目包括卷内文件页号、卷内目录、卷内备考表、案卷封面、案卷脊背等的编制。其中,卷内目录、卷内备考表、案卷封面宜采用70 g以上白色书写纸制作,幅面应统一采用A4规格。

1) 卷内文件页号的编制

页号又称为页码,编制卷内文件页号是指对有书写内容的卷内文件的页面进行编号。卷内文件页号的编制应符合下列规定。

(1) 卷内文件均应按有书写内容的页面编号。如果一份文件中某页面特别标注"此页无正文"等字样,但此页有发文机关、印章、发文日期等,那么该页也应编制页号。

(2) 每卷单独编号,页号用阿拉伯数字,从"1"开始。用打字机或档案允许书写笔(如钢笔、签字笔等)对卷内文件逐张连续标注,直到卷内文件的最后一页。

(3) 页号编制位置:单面书写的文件在右下角;双面书写的文件,正面在右下角,背面在左下角；折叠后的图纸一律在右下角。

（4）成套图纸或印刷成册的文件材料，自成一卷的，原目录可代替卷内目录，不必重新编制页号。

（5）卷内目录、卷内备考表、案卷封面不编制页号。

2）卷内目录的编制

卷内目录是指登录卷内文件题名及其他特征，并固定卷内文件排列次序的表格。卷内目录包括序号、文件编号、责任者、文件题名、日期、页次、备注等。卷内目录的编制应符合下列规定。

（1）卷内目录排列在卷内文件首页之前，式样宜符合《规范》附录 C 的要求。卷内目录范例如表 1-4 所示。

表 1-4　卷内目录范例

序号	文件编号	责任者	文件题名	日期	页次	备注
1	C1-5	××建设公司	工程开工报审表	20240710	1	
2	C7-4	××建设公司	检验批质量验收记录	20240710	58	
3	C7-6	××建设公司	分项工程质量验收记录	20240810	125～160	

（2）序号应以一份文件为单位编写，用阿拉伯数字从 1 依次标注。

（3）文件编号应填写文件形成单位的发文号或图纸的图号，或设备、项目代号。

（4）责任者应填写文件的直接形成单位或个人。有多个责任者时，应选择两个主要责任者，其余用“等”代替。

（5）文件题名应填写文件标题的全称。当文件无标题时，应根据内容拟写标题，拟写标题外应加“[ ]”符号。

（6）日期应填写文件的形成日期或文件的起止日期，竣工图应填写编制日期。日期中“年”应用四位数字表示，“月”和“日”应分别用两位数字表示，如 2024 年 8 月 1 日应填写为“20240801”。

（7）页次应填写文件在卷内所排的起始页号，最后一份文件应填写起止页号。

（8）备注应填写需要说明的问题。有则填写，无则空白。

3）卷内备考表的编制

卷内备考表是指说明卷内文件状况的表格。卷内备考表的主要内容包括文件材料数量、说明、组卷人、审核人和日期。卷内备考表的编制应符合下列规定。

（1）卷内备考表应排列在卷内文件的尾页之后，式样宜符合《规范》附录 D 的要求。卷内备考表式样示意图如图 1-6 所示。

（2）卷内备考表应标明卷内文件的总页数、各类文件页数或照片张数。

（3）卷内备考表的说明，应主要说明卷内文件复印件情况、页码错误情况、文件的更换情况等。没有需要说明的事项可不填写说明。

（4）组卷单位的组卷人和审核人应在卷内备考表上签名；年、月、日应按组卷、审核时间填写。

4）案卷封面的编制

案卷封面的编制应符合下列规定。

（1）案卷封面应印刷在卷盒、卷夹的正表面，也可采用内封面的形式。案卷封面式样宜符合《规范》附录 E 的要求，其示意图如图 1-7 所示。

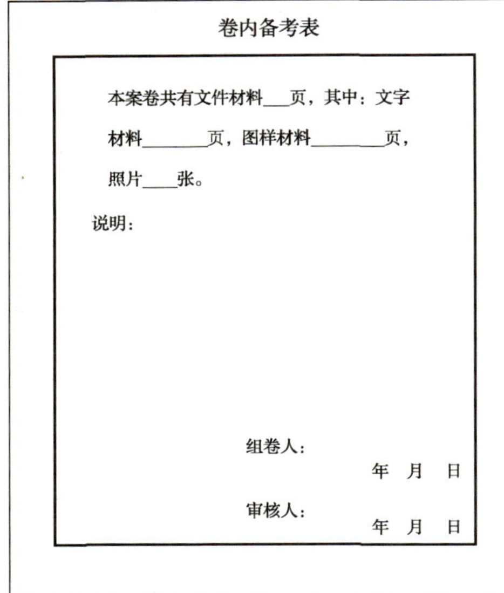

卷内备考表

本案卷共有文件材料___页，其中：文字材料______页，图样材料______页，照片___张。

说明：

组卷人：
年　月　日

审核人：
年　月　日

图 1-6　卷内备考表式样示意图

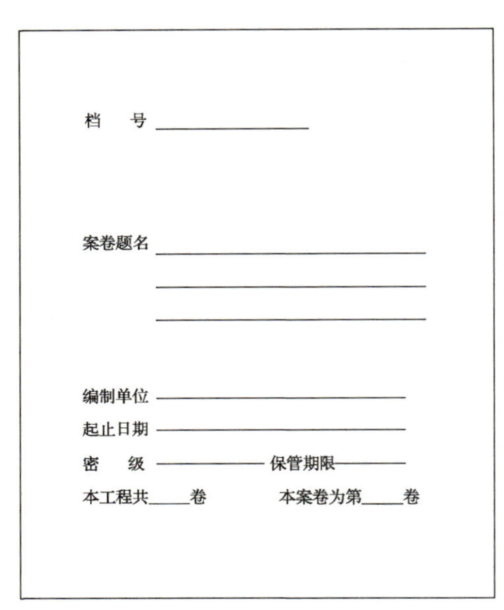

档　号 ____________

案卷题名 ____________

编制单位 ____________

起止日期 ____________

密　级 ______ 保管期限 ______

本工程共____卷　本案卷为第____卷

图 1-7　案卷封面式样示意图

（2）案卷封面的内容应包括档号、案卷题名、编制单位、起止日期、密级（保密级别）、保管期限、本案卷所属工程的案卷总量、本案卷在该工程案卷总量中的排序。

（3）档号应由分类号、项目号和案卷号组成。档号由档案保管单位填写。

（4）案卷题名应简明、准确地揭示卷内文件的内容。建筑工程案卷题名应包括工程名称（含单位工程名称）、分部工程或专业名称及卷内文件概要等内容。

（5）编制单位应填写案卷内文件的形成单位或主要责任者。

（6）起止日期应填写案卷内全部文件形成的起止日期。

（7）密级应在绝密、机密、秘密三个级别中选择划定。当同一案卷内有不同密级的文件时，应以高密级为本卷密级。

（8）保管期限应根据卷内文件的保存价值在永久保管、长期保管、短期保管三种保管期限中选择划定。当同一案卷内有不同保管期限的文件时，该案卷保管期限应从长。

特别提示

编写案卷题名的注意事项如下。

（1）工程名称部分应编写工程的正式名称，并根据工程实际情况增加时间、工程地址、工程性质等特征，并进行必要的补充说明，以完善案卷题名构成。例如，“南京大学浦口校区 22 幢学生宿舍工程”中“浦口校区”是工程地址特征，以区别南京大学其他校区。一些住宅小区、公用建筑、商业建筑等可以省略工程建设单位，直接以地名机构批准的名称作为工程名称。

（2）案卷题名的拟写应满足唯一性，案卷题名相同的现象不应该出现。对于同类文件或图纸，需要立若干个案卷时，可以加入卷册序号、图号等以示区别，如“南京大学邵逸夫馆隐蔽工程验收记录之一”“南京大学邵逸夫馆隐蔽工程验收记录之二”“南京大学邵逸夫馆建筑竣工图（建竣 1～建竣 20）”等。

（3）卷内文件概要应符合《规范》附录 A、附录 B 中所列类别内容（标题）的要求。

（4）外文资料的案卷题名及主要内容应译成中文。

5）案卷脊背的编制

案卷脊背应由档号、案卷题名构成，由档案保管单位填写。案卷脊背式样宜符合《规范》附录 F 的要求，其示意图如图 1-8 所示。

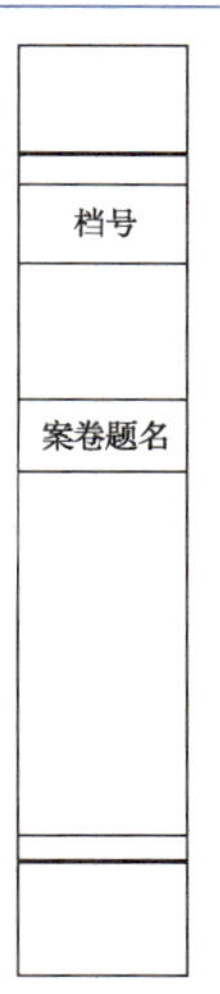

图 1-8 案卷脊背式样示意图

4. 案卷的装订与装具

1）案卷的装订

案卷可采用装订与不装订两种形式。文字材料必须装订，图纸可装订也可不装订，既有文字材料又有图纸的案卷应装订。进行案卷的装订时，需要注意以下事项。

（1）装订时不应破坏文件的内容，并应保持整齐、牢固，以便保管和利用。

（2）装订时需要剔除金属物，如订书针、回形针等。

（3）装订时应将案卷封面、卷内目录、卷内文件、卷内备考表和封底一起装订。图纸散装在卷盒内时，应将案卷封面、卷内目录、卷内备考表用棉线在左上角装订在一起。

2）案卷的装具

案卷应采用统一规格的装具。案卷装具可采用卷盒、卷夹两种形式，并应符合下列规定。

（1）卷盒的外表尺寸应为 310 mm×220 mm，厚度可为 20 mm、30 mm、40 mm、50 mm。

（2）卷夹的外表尺寸应为 310 mm×220 mm，厚度宜为 20～30 mm。

（3）卷盒、卷夹应采用无酸纸制作。

卷内目录和案卷目录的区别

5. 案卷目录的编制

案卷目录的编制应符合下列规定。

（1）案卷目录式样宜符合《规范》附录 G 的要求。案卷目录范例如表 1-5 所示。

（2）编制单位应填写负责组卷的法人组织或主要责任者。

（3）编制日期应填写完成组卷工作的日期。

表 1-5 案卷目录范例

案卷号	案卷题名	卷内数量			编制单位	编制日期	保管期限	密级	备注
		文字（页）	图纸（张）	其他					
1	××工程准备阶段资料	256			××局	20××1212	永久		
2	××监理资料	260			××监理公司	20××1013	长期		
3	××施工资料	326			××建设公司	20××1112	长期		

（二）归档

归档是指建筑工程资料形成部门或形成单位完成其工作任务，并将形成的建筑工程资料整理组卷后，按规定向本单位档案室或向城建档案管理机构移交的过程。

1. 归档范围

与工程建设有关的重要活动记录、主要工程建设过程和现状的记录，以及具有保存价值的各种载体的文件，均应在收集齐全、整理组卷后归档。重要活动记录包括开工仪式、关键节点庆典、领导视察等重要活动的有关文件（如照片、视频、新闻稿等）。这些文件能够反映工程建设的重大时刻和里程碑事件。建筑工程资料的具体归档范围应符合《规范》附录 A 和附录 B 的要求。

2. 归档文件的质量要求

（1）归档的纸质文件应为原件。建设单位向城建档案管理机构报送的立项文件、建设用地文件、开工审批文件可以为复制件，但应加盖建设单位印章。

（2）归档的内容及其深度应符合国家有关工程勘察、设计、施工、监理等标准的规定。

（3）归档的内容必须真实、准确，应与工程实际相符合。

（4）归档应字迹清楚，图样清晰，图表整洁，签字、盖章手续应完备。

特别提示

由于红色墨水、纯蓝墨水、圆珠笔（档案用圆珠笔除外）、复写纸、铅笔等书写材料形成的字迹耐久性和耐用性差，并且蓝黑墨水（鞣酸铁墨水）具有酸性，对纸张具有一定的腐蚀性，故手工书写应采用碳素墨水等耐久性好的书写材料。

（5）归档中文字材料的纸张尺寸规格宜为 A4 幅面（297 mm×210 mm）。图纸宜采用国家标准图幅。

（6）归档的纸张应为耐久性和耐用性好的纸张。图纸一般应采用蓝晒图，竣工图应采用新蓝图。计算机出图，宜采用 80 g 及以上白纸作为出图用纸，不应采用有色纸张。为了确保图纸质量，计算机出图不应采用先输出一份图纸，再用复印方式复印其余图纸的出图方式。

（7）所有竣工图均应加盖竣工图章，并应符合下列规定。

① 竣工图章的基本内容应包括“竣工图”字样、施工单位、编制人、审核人、技术负责人、编制日期、监理单位、总监理工程师、监理工程师。竣工图章示意图如图 1-9 所示。

竣工图			
施工单位			
编制人		审核人	
技术负责人		编制日期	
监理单位			
总监理工程师		监理工程师	

图 1-9　竣工图章示意图

② 竣工图章尺寸应为 50 mm×80 mm。

③ 竣工图章应使用不易褪色的印泥，应盖在图标栏上方空白处。

（8）竣工图的绘制与改绘应符合国家有关制图标准的规定。

3. 归档注意事项

（1）归档文件应完整、准确、系统，能够反映建筑工程建设的全过程。归档文件应经过分类整理，并应组成符合要求的案卷。

（2）根据建设程序和工程特点，归档可分阶段、分期进行，也可在单位或分部工程通过竣工验收后进行。一般来讲，勘察、设计单位应在任务完成后，施工、监理单位应在工程竣工验收前，将各自形成的有关工程档案向建设单位归档。

（3）勘察、设计、施工单位在收齐归档文件并整理组卷后，建设单位、监理单位应根据城建档案管理机构的要求，对归档文件的完整性、准确性、系统性和案卷质量进行审查。审查合格后，方可向建设单位移交。

（4）工程档案一般不少于两套，一套由建设单位保管，一套（原件）移交当地城建档案管理机构保存。

特别提示

保存两套工程档案是最低要求。很多情况下，为满足日后需求，需要再增加一至两套工程档案，如为物业管理单位保留一套。工程档案的套数应事先在合同或协议中约定。

（5）勘察、设计、施工、监理等单位向建设单位移交档案时，应编制移交清单，双方签字、盖章后方可交接。

（6）设计、施工及监理单位需要向本单位归档的文件，应按国家有关规定组卷归档。

4. 归档文件的保存期限

归档文件的保存期限应符合下列规定。

（1）建筑工程资料归档保存期限应符合国家有关标准的规定；当无规定时，不应少于 5 年。

（2）建设单位工程资料归档保存期限应满足工程维护、修缮、改造、加固的需要。

（3）施工单位工程资料归档保存期限应满足工程质量保修及质量追溯的需要。

（三）验收

工程档案验收是工程竣工验收的重要组成部分，是评定工程质量的前提条件，也是工程档案移交的基础。工程档案验收的主要内容如下。

（1）工程档案是否齐全、系统、完整，并全面反映工程建设活动和工程实际状况。

（2）工程档案是否已整理组卷，并符合相关标准的要求。

（3）竣工图的绘制方法、图式及规格等是否符合专业技术要求。

（4）工程档案的形成、来源是否符合实际；单位或个人签章的文件，其签章手续是否完备。

（5）工程档案的材质、幅面、书写、绘图、用墨、托裱等是否符合要求。

（四）移交

建筑工程资料移交是指将建筑工程的相关资料移交给接收方或相关人员的过程。建筑工程资料移交应符合下列规定。

（1）施工单位应向建设单位移交施工资料。

（2）实行施工总承包的，各专业承包单位应向施工总承包单位移交施工资料。

（3）监理单位应向建设单位移交监理资料。

（4）列入城建档案管理机构接收范围的工程，建设单位在工程竣工验收备案前，必须向城建档案管理机构移交一套符合规定的工程档案。

（5）停建、缓建工程的档案，可暂由建设单位保管。

（6）对改建、扩建和维修的工程，建设单位应当组织设计、施工单位对改变部位据实编制新的工程档案，并应在工程竣工验收备案前向城建档案管理机构移交。

（7）当建设单位向城建档案管理机构移交工程档案时，应提交移交案卷目录，办理移交手续，双方签字、盖章后方可交接。

六、建筑工程电子文件管理

建筑工程电子文件是指在工程建设过程中通过数字设备及环境生成，以数码形式存储于磁带、磁盘或光盘等载体，依赖计算机等数字设备阅读、处理，并可在通信网络上传送的文件。建筑工程电子档案是指工程建设过程中形成的，具有参考和利用价值并作为档案保存的电子文件及其元数据（描述建筑工程电子文件的背景、内容、结构及其整个管理过程的数据）。

为规范建筑工程电子文件的形成与归档，建立真实、准确、完整、有效的建筑工程电子档案，保障建筑工程电子文件和电子档案的安全保管与有效开发利用，中华人民共和国住房和城乡建设部颁布了 CJJ/T 117—2017《建设电子文件与电子档案管理规范》。以下介绍中，建筑工程电子文件和建筑工程电子档案分别简称为电子文件和电子档案。建筑工程电子文件管理适用于电子文件的形成、归档，以及电子档案的移交、接收、保管、利用等全过程。

（一）电子文件的形成

电子文件的形成主要包括电子文件的创建与保存、电子文件的分类。

1. 电子文件的创建与保存

电子文件的创建与保存应遵循下列规定。

（1）形成电子文件时，应根据电子文件的内容及特征，提炼出题名。在业务系统中创建电子文件时，应自动或人工对电子文件赋予题名。

（2）电子文件形成单位使用的有关业务系统，应具备记录电子文件处理、审批、分发等过程元数据的功能。

（3）电子文件应以单份文件或一个复合文件为一个保存单位。

（4）多个具有紧密联系的单份文件可组合成一个复合文件。

特别提示

(1) 正文与附件、转发文与被转发文、请示与批复、来文与回复文件、正文与链接文件，应分别作为两个或两个以上的单份文件保存，也可作为一个复合文件保存。

(2) 采用 CAD 技术形成的电子文件应以一个图幅作为一个单份文件；多个图幅组成的电子图可作为一个或多个单份文件，也可作为一个复合文件保存。

(3) 建筑工程中，n 天的施工日志可作为 n 个单份文件，也可作为一个复合文件保存；n 个检测报告、试验报告、检验批质量验收记录等，可作为 n 个单份文件保存，也可作为一个复合文件保存。

(4) 记录重要文件的主要修改过程和办理情况，具有参考价值的不同稿本，可作为多个单份文件或一个复合文件保存。

(5) 电子文件形成单位应在其业务系统中对复合文件的每个单份文件建立关联，也可采取两种方式将它们联系在一起：① 将组成复合文件的单份文件保存在同一文件夹内；② 将组成复合文件的单份文件赋予相同的题名，并在题名后加 01、02、03 等阿拉伯数字加以区分。

(6) 电子文件形成后，不应被非正常修改、获取和删除。

(7) 电子文件形成单位应随时保存电子文件，并根据电子文件的重要程度，定期备份。

(8) 电子文件的离线备份应存储在移动硬盘、磁带、光盘等能够脱机保存的存储媒体上。

2. 电子文件的分类

电子文件的分类应遵循下列规定。

(1) 电子文件在形成、积累过程中，应根据文件内容和性质进行分类保存。

(2) 电子文件形成单位应根据本单位机构设置、工作职能、业务范围、专业性质、工程项目等，预先设置电子文件分类方案。

(3) 电子文件分类方案应根据需要设置一级至 n 级类目，如图 1-10 所示。类目级别不宜超过 9 级。

(4) 电子文件分类方案的设计，应统筹考虑电子文件归档和电子档案管理的要求，并应确保与电子档案分类体系一体化设计，且应保持一定的稳定性、连续性。

(5) 业务系统和电子文件管理系统，应支持按层级方式来组织电子文件分类方案和管理电子文件，并应支持按电子文件分类方案中的类目提供元数据描述。

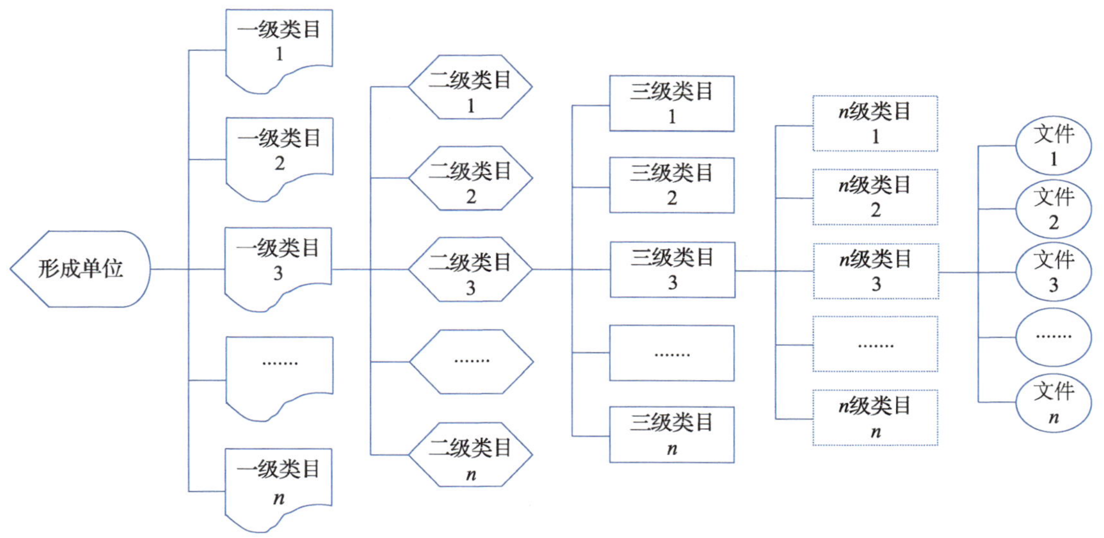

图 1-10 电子文件分类方案的层级结构

（二）电子文件的归档

电子文件的归档范围应按《规范》的规定执行。归档电子文件应采用或转换为如表 1-6 所示的文件格式。

表 1-6 归档电子文件格式

文件类别	格式
文本（表格）文件	OFD、DOC、DOCX、XLS、XLSX、PDF/A、XML、TXT、RTF
图像文件	JPEG、TIFF
图形文件	DWG、PDF/A、SVG
视频文件	AVS、AVI、MPEG2、MPEG4
音频文件	AVS、WAV、AIF、MID、MP3
数据库文件	SQL、DDL、DBF、MDB、ORA
虚拟现实/3D 图像文件	WRL、3DS、VRML、X3D、IFC、RVT、DGN
地理信息数据文件	DXF、SHP、SDB

特别提示

（1）专用软件产生的其他格式的电子文件，应转换成表 1-6 规定的文件格式。

（2）无法转换的电子文件，应记录足够的技术环境元数据，详细说明电子文件的使用环境和条件。

（3）有条件的电子文件形成单位，应同步归档原始格式的电子文件。

电子文件归档时，应遵循下列规定。

（1）电子文件形成单位应定期将电子文件整理后归档。

（2）电子文件归档可采用在线归档的方式或离线归档的方式，并应采取措施确保归档电子文件的安全存储。

（3）业务系统产生的电子文件应以数据库环境为依托进行归档，或将数据文件转换为可脱离数据库系统读取的数据表文件进行归档。

（4）电子文件及其元数据应一并归档。

（5）电子文件形成者应采用可靠的电子签名等措施，以确保归档电子文件的真实性。

（6）加密的电子文件应在解密后再归档，压缩电子文件应与解压缩软件一并归档。

（7）如果电子文件的格式进行了转换，那么在向本单位档案管理部门移交时，应将转换前和转换后两种格式的电子文件一并归档；在向城建档案管理机构移交时，可只移交转换后的电子文件。

（8）电子文件离线归档时，可按优先顺序，采用移动硬盘、闪存盘、光盘、磁带等存储。

（9）归档文件存储媒体的外表应粘贴包含移交单位、移交日期、存储媒体顺序号、文件内容等的标签。

（三）电子档案的移交与接收

1. 电子档案的移交

移交单位移交电子档案时，应遵循下列规定。

（1）列入城建档案管理机构接收范围的工程，建设单位应按规定向城建档案管理机构移交一套符合要求的电子档案。

（2）对改建、扩建和维修的工程，建设单位应组织设计单位、施工单位、监理单位将工程中产生的电子档案向城建档案管理机构移交。

（3）电子档案移交之前，移交单位应确定电子档案的密级。属于国家秘密的电子档案应使用专用保密存储媒体存储，并应按国家有关保密规定办理移交手续。

（4）电子档案移交之前，移交单位应对准备移交的电子档案进行检测，全部合格后方可移交。

（5）电子档案可采用在线或离线方式进行移交，交接双方可根据实际情况选择确定。

2. 电子档案的接收

接收单位接收电子档案时，应遵循下列规定。

（1）接收电子档案时，接收单位应对电子档案进行检测。检测不合格的，应退回移交单位重新处理。

（2）接收和移交电子档案时，交接双方应办理交接手续。

（四）电子档案的保管

电子档案保管单位应对在线存储和离线存储的电子档案进行保管；并应配备符合规定的计算机机房、硬件设备、信息管理系统和网络设施等，实现对电子档案的有效管理。电子档案的保管包括电子档案的存储与备份、电子档案的迁移、电子档案的安全保护、电子档案的鉴定与销毁等。

（五）电子档案的利用

电子档案保管单位应建立检索系统，向利用者提供在线和离线等多种形式的电子档案利用和信息服务。电子档案保管单位应建立专门的电子档案利用数据库，与长期保存的电子档案数据库分离。脱机和入库的电子档案存储媒体均不得外借，当利用时应使用复制件；未经批准，任何单位或人员不得擅自复制、修改、转送他人。

七、建筑工程资料管理职责

建筑工程资料应实施分级、分类管理，由建设、监理、施工等单位负责全过程管理。建筑工程资料管理工作主要包括建筑工程资料与档案的收集、积累、整理、组卷、归档、验收和移交。在建筑工程建设过程中，参建各单位应设立专门的建筑工程资料管理部门或团队，负责各自范围内建筑工程资料的收集、整理、审核和归档。为确保专业性和准确性，参建各单位应定期对这些部门或团队进行培训。

（一）参建各单位的通用职责

（1）参建各单位填写的工程档案应以施工及验收规范、工程合同、设计资料、工程施工质量验收统一标准等为依据。

（2）工程档案资料应随工程进度及时收集、整理，并应按专业分类，认真书写，字迹清楚，项目齐全、准确、真实，无未了事项，表格应采用统一格式。因特殊要求需要增加的表格，应统一归类。

（3）工程档案进行分级管理，参建各单位技术负责人负责本单位工程档案资料的全过程组织工作并负责审核，参建各单位档案管理员负责工程档案资料的收集、整理工作。

（4）对工程档案进行涂改、伪造、随意抽撤或损毁等，应按有关规定予以处罚，情节严重的，应依法追究法律责任。

（二）建设单位职责

（1）建设单位在工程招标及与勘察、设计、施工、监理等单位签订协议、合同时，应对移交建筑工程材料的套数、费用、质量、时间等提出明确要求。

（2）建设单位负责收集和整理工程准备阶段、竣工验收阶段形成的文件，并进行组卷和归档。

（3）建设单位负责组织、监督和检查勘察、设计、施工、监理等单位的建筑工程资料的形成、积累、组卷和归档工作，也可委托监理单位监督、检查建筑工程资料的形成、积累、组卷和归档工作。

（4）建设单位负责收集和汇总勘察、设计、施工、监理等单位组卷和归档的工程档案。

（5）在组织工程竣工验收前，建设单位应按要求将全部文件材料收集齐全并完成工程档案的组卷；在组织工程竣工验收时，建设单位应组织对工程档案进行验收，验收结论应在工程竣工验收报告、专家组竣工验收意见中明确。

（三）勘察与设计单位职责

（1）勘察与设计单位应按规范和合同的要求提供勘察、设计资料。

（2）对需要勘察与设计单位验收和签认的建筑工程资料，勘察与设计单位应参加验收并签署意见。

（3）勘察与设计单位应参与工程竣工验收，并应出具工程质量检查报告。

（四）监理单位职责

（1）监理单位应设专人负责监理资料的收集、整理和归档工作。在项目监理部，监理资料的管理应由总监理工程师负责，并指定专人具体实施。监理资料应在各阶段监理工作结束后及时整理归档。

（2）监理单位应按合同约定，在勘察、设计阶段，对勘察、设计资料的形成、积累、组卷和归档进行监督、检查；在施工阶段，对施工资料的形成、积累、组卷和归档进行监督、检查。

（3）监理单位应参加工程见证取样工作，对见证取样试验样品的真实性负责，审查检测项目并制作见证记录。

（4）工程竣工验收后，监理单位应及时向建设单位提供监理资料，并应出具工程质量评估报告。

（五）施工单位职责

（1）施工单位负责施工资料的管理工作，实行技术负责人负责制，逐级建立、健全施工资料管理责任制。

（2）建筑工程实行总承包管理的，总承包单位负责收集、汇总各分包单位形成的工程档案，并应及时向建设单位移交；各分包单位应将本单位形成的施工资料收集、整理、组卷后及时向总承包单位移交。建筑工程由几个单位承包的，各承包单位应负责收集、整理、组卷其承包项目的施工资料，并应及时向建设单位移交。

（3）施工单位可以按照施工合同的约定，接受建设单位的委托进行工程档案的组织、编制工作。

（4）在工程竣工验收前，施工单位应完成施工资料的整理和汇总。

（5）施工单位应按要求编制施工资料的套数。

（六）城建档案管理机构职责

（1）城建档案管理机构应对建筑工程资料的组卷和归档工作进行监督、检查和指导。

（2）城建档案管理机构应负责接收、收集、保管工程档案和有关资料。

（3）城建档案管理机构应按要求对建设单位移交的工程档案进行联合验收。

建筑工程资料管理是确保建筑工程顺利进行、质量可控和安全无虞的重要环节。建筑工程参建各单位资料管理员需要以高度的责任心和专业素养，严谨细致地收集、整理、归档各类工程资料。这既是对建筑工程的负责，更是对社会的担当。通过规范建筑工程资料管理，我们能够有效预防建筑工程质量问题，保障人民群众的生命财产安全。同时，这也是践行社会主义核心价值观的具体体现，展现了建筑行业从业者良好的职业道德和深厚的社会责任感。因此，我们应充分认识到建筑工程资料管理的重要性，不断提升自身业务能力和职业素养，为构建安全、高效、可持续的建筑环境贡献自己的力量。

项目实施——分析建筑工程资料管理流程中的问题

1. 实施背景

为方便居民生活，某市计划在幸福路附近建设一个大型地下停车场，这需要从地面开挖 20 m 深的基坑。该建筑工程紧邻居民小区与地铁站，周边环境错综复杂。为确保地铁站的安全，基坑设计过程中需要特别关注其对轨道交通可能产生的影响。根据建筑工程资料管理的要求，在该建筑工程正式开始前需要对相关的建筑工程资料进行整理和审核。审核过程中，发现以下问题。

（1）建筑工程资料不全且存在漏洞，如工程进度预测、施工材料消耗、施工机械使用及成本费用等明细材料缺失。

（2）建筑工程资料照搬套用、张冠李戴，如拟建地下停车场基坑岩土工程详细勘察报告与邻近大厦基坑的地质勘察报告完全相同。

（3）建筑工程资料管理混乱、入档不及时。许多图纸、报告等管理混乱，很多建筑工程资料长期存留在建筑工程人员手中，入档不及时。技术人员在建筑工程资料交流方面存在问题，在建筑工程资料的借阅中私人问题严重，相互之间不予配合，甚至将其视为私有财产，影响了整个公司的建筑工程资料管理工作。

2. 实施步骤

（1）根据实施背景，学生以小组为单位组织进行讨论。针对上述问题，分析可能导致的后果，并提出改进措施。

（2）各小组选派代表对上述问题进行回答。

（3）指导教师对各组的回答进行点评。

问题分析提示

1）后果分析

针对实施背景中提出的建筑工程资料管理问题，可能导致的后果如下。

（1）安全事故的风险增加。建筑工程资料不全，特别是地质勘察报告等重要建筑工程资料缺失或错误，可能导致基坑开挖过程中遇到未知的地质风险，如地下水位变化、土壤类型变化等，从而增加安全事故的风险。

（2）质量难以保证。工程进度预测、施工材料消耗、施工机械使用等数据的缺失，可能导致施工过程中质量难以控制，从而影响建筑工程的整体质量。

（3）成本超支。成本费用的明细材料缺失，无法准确估算建筑工程成本，可能导致成本超支，给建筑工程带来经济损失。

（4）工程进度延期。建筑工程资料管理混乱，可能导致技术人员无法及时获取所需信息，影响施工决策和进度。

（5）团队协作受阻。建筑工程资料交流和借阅不畅问题，可能导致团队协作困难，降低工作效率。

2）改进措施

（1）完善建筑工程资料管理制度。制订详细的建筑工程资料管理制度，明确建筑工程资料的收集、整理、归档和借阅等流程，确保建筑工程资料管理的规范性和系统性。

（2）加强对建筑工程资料的审核。建立严格的建筑工程资料审核机制，仔细审核每一项建筑工程资料，确保建筑工程资料的真实性和准确性。重要的建筑工程资料，如地质勘察报告等，应进行专业评估。

（3）提高建筑工程资料技术人员的专业技能和素质。加强建筑工程资料技术人员对建筑工程资料重要性的认识，提高其建筑工程资料管理能力。定期对建筑工程资料技术人员进行培训，提高建筑工程资料技术人员的专业技能和素质。

（4）加强团队协作。建立有效的团队协作机制，促进建筑工程资料技术人员之间的交流和合作。

（5）引入信息化管理。采用信息化手段对建筑工程资料进行管理，如建立电子档案管理系统，实现建筑工程资料的电子化存储、检索和共享。这不仅可以提高建筑工程资料管理的效率，还可以减少纸质建筑工程资料的损耗和丢失。

项目综合考核

1．填空题

（1）建筑工程资料可分为________________、________________、________________、________________及________________等 5 大类。

（2）属于单位工程整体管理内容的施工资料，其编号中的分部、子分部工程代号可用________________代替。

（3）建筑工程资料应与建筑工程________________同步形成，不得事后补编。

（4）竣工图应按单位工程________________进行组卷。

（5）卷内目录、卷内备考表、案卷封面宜采用________g 以上白色书写纸制作，幅面应统一采用________规格。

（6）当案卷内既有文字材料又有图纸时，________________应排在前面，____________应排在后面。

（7）卷内目录、卷内备考表、________________不编制页号。

（8）密级应在____________、____________、____________三个级别中选择划定。当同一案卷内有不同密级的文件时，应以____________为本卷密级。

（9）文字材料必须装订，________________可装订也可不装订，既有文字材料又有图纸的案卷应装订。

（10）工程档案一般不少于两套，一套由________________保管，一套（原件）移交当地城建档案管理机构保存。

2. 选择题

（1）建筑工程资料简称为（　　）。

A. 工程资料　　B. 施工资料

C. 交工资料　　D. 竣工资料

（2）监理资料的大类编号为（　　）。

A. A　　B. B

C. C　　D. D

（3）A5 表示的是工程准备阶段资料中的（　　）资料。

A. 立项　　B. 招投标

C. 开工审批　　D. 工程造价

（4）按照一定的原则和方法，将有保存价值的建筑工程资料分门别类整理成案卷的过程，称为（　　）。

A. 组卷　　B. 验收

C. 归档　　D. 整理

（5）当一项建筑工程由多个单位工程组成时，建筑工程资料应按（　　）组卷。

A. 单项工程　　B. 分部工程

C. 分项工程　　D. 单位工程

（6）双面书写的文件，正面和背面的页号分别在（　　）。

A. 右下角和左下角　　B. 左下角和右下角

C. 右下角和右下角　　D. 左下角和左下角

（7）计算机出图，宜采用（　　）g 及以上白纸作为出图用纸，不应采用有色纸张。

A. 60　　B. 70

C. 80　　D. 90

（8）建筑工程资料归档保存期限应符合国家有关标准的规定；当无规定时，不应少于（　　）年。

A. 3　　B. 4

C. 5　　D. 6

（9）建筑工程实行总承包管理的，总承包单位负责收集、汇总各分包单位形成的工程档案，并应及时向（　　）移交。

A. 城建档案管理机构　　B. 建设单位

C. 监理单位　　D. 质量监督局

3. 简答题

（1）简述建筑工程资料的分类原则。

（2）简述施工资料的编号规定。

（3）简述建筑工程资料管理的特征。

（4）简述建筑工程资料管理参建各单位的通用职责。

4. 案例分析题

某市为了丰富市民的文化生活，计划对城市中心的文化广场进行扩建，包括新建多功能剧院、艺术展览馆和配套的商业设施。由于该文化广场紧邻市政办公大楼和几所历史悠久的学校，因此该建筑工程应减小对周边环境的影响；同时，提高对自身安全性的要求。在该建筑工程的规划和实施阶段，建筑工程资料管理出现了以下问题。

（1）建筑工程资料不完整且缺乏针对性。关于建筑工程结构安全、抗震性能、环境保护措施等方面的详细分析和设计资料缺失，且缺少对周边市政办公大楼和学校影响的专项评估报告，无法确保该建筑工程不会对周边环境造成不良影响。

（2）建筑工程资料内容重复或错误。部分建筑工程图纸和材料清单与过去的某个类似建筑工程完全一样，未针对该建筑工程的具体情况进行修改和更新。在一些关键的技术参数和指标上，存在明显的错误或不一致，给施工带来极大的安全隐患。

（3）建筑工程资料管理混乱、更新不及时。该建筑工程的图纸、报告等建筑工程资料分散在多个部门和个人手中，没有统一的存储和管理。随着该建筑工程的推进，新的设计变更和施工方案未能及时反映在施工资料中，导致施工现场与施工资料不一致。

由于建筑工程资料管理中存在上述问题，该建筑工程在施工过程中出现了多次返工和安全事故，不仅延误了工期，而且增加了成本。同时，由于未能及时评估和处理对周边环境的影响，该建筑工程还引发了市民的强烈不满和抗议。

问题：如果你是该建筑工程的负责人，针对上述建筑工程资料管理中出现的问题，你会提出哪些整改要求？

笔记

项目综合评价

指导教师根据学生对本项目的实际学习成果进行评价，学生配合指导教师完成如表 1-7 所示的学习成果评价表。

表 1-7　学习成果评价表

<table>
<tr><td>班级</td><td colspan="2"></td><td>组号</td><td></td><td>日期</td><td></td></tr>
<tr><td>姓名</td><td colspan="2"></td><td>学号</td><td></td><td>指导教师</td><td></td></tr>
<tr><td>项目名称</td><td colspan="6">认识建筑工程资料管理</td></tr>
<tr><td>项目评价</td><td colspan="4">评价内容</td><td>满分/分</td><td>评分/分</td></tr>
<tr><td rowspan="6">知识
（40%）</td><td colspan="4">建筑工程资料的概念、形成、分类与编号</td><td>8</td><td></td></tr>
<tr><td colspan="4">建筑工程资料管理的意义与特征</td><td>5</td><td></td></tr>
<tr><td colspan="4">建筑工程资料管理的基本规定</td><td>6</td><td></td></tr>
<tr><td colspan="4">建筑工程资料管理的基本流程</td><td>8</td><td></td></tr>
<tr><td colspan="4">建筑工程电子文件管理</td><td>8</td><td></td></tr>
<tr><td colspan="4">建筑工程资料管理职责</td><td>5</td><td></td></tr>
<tr><td rowspan="2">技能
（40%）</td><td colspan="4">能看懂建筑工程资料的编号</td><td>20</td><td></td></tr>
<tr><td colspan="4">能发现实际建筑工程资料管理流程中的问题</td><td>20</td><td></td></tr>
<tr><td rowspan="4">素质
（20%）</td><td colspan="4">积极参加教学活动，主动学习、思考、讨论</td><td>5</td><td></td></tr>
<tr><td colspan="4">逻辑清晰，准确理解和分析问题</td><td>5</td><td></td></tr>
<tr><td colspan="4">认真负责，按时完成学习、实践任务</td><td>5</td><td></td></tr>
<tr><td colspan="4">团结协作，与组员之间密切配合</td><td>5</td><td></td></tr>
<tr><td colspan="5">合计</td><td>100</td><td></td></tr>
<tr><td>自我评价</td><td colspan="6"></td></tr>
<tr><td>指导教师评价</td><td colspan="6"></td></tr>
</table>

项目二

管理工程准备阶段资料

项目导读

工程准备阶段资料应详细记录建筑工程项目的前期规划、设计与预算等内容，并为后续的施工提供明确的指导。同时，这些资料还可以作为对建筑工程项目进行监督和验收的重要依据。通过对这些资料进行管理，建筑工程项目团队能够全面、深入地了解建筑工程项目的特点，从而制订出更加合理、高效的施工方案。

本项目主要介绍立项资料，建设用地、拆迁资料，勘察、设计资料，招投标资料，开工审批资料，工程造价资料和工程建设基本信息资料的基本管理要求。

项目要求

知识目标

（1）掌握立项资料的基本管理要求。
（2）掌握建设用地、拆迁资料的基本管理要求。
（3）掌握勘察、设计资料的基本管理要求。
（4）掌握招投标资料的基本管理要求。
（5）掌握开工审批资料的基本管理要求。
（6）掌握工程造价资料的基本管理要求。
（7）掌握工程建设基本信息资料的基本管理要求。

技能目标

（1）能够收集和整理工程准备阶段的资料。
（2）能够与团队成员建立良好的沟通关系。

素质目标

（1）培养团队意识，增强团队凝聚力。
（2）养成踏实敬业、精益求精的工作态度。

班级＿＿＿＿＿＿　　姓名＿＿＿＿＿＿　　学号＿＿＿＿＿＿

项目工单

1. 思维导图

思维导图（见图 2-1）清晰地呈现出了本项目的学习要点。请学生根据思维导图来预习相关知识，以便更有针对性地学习。

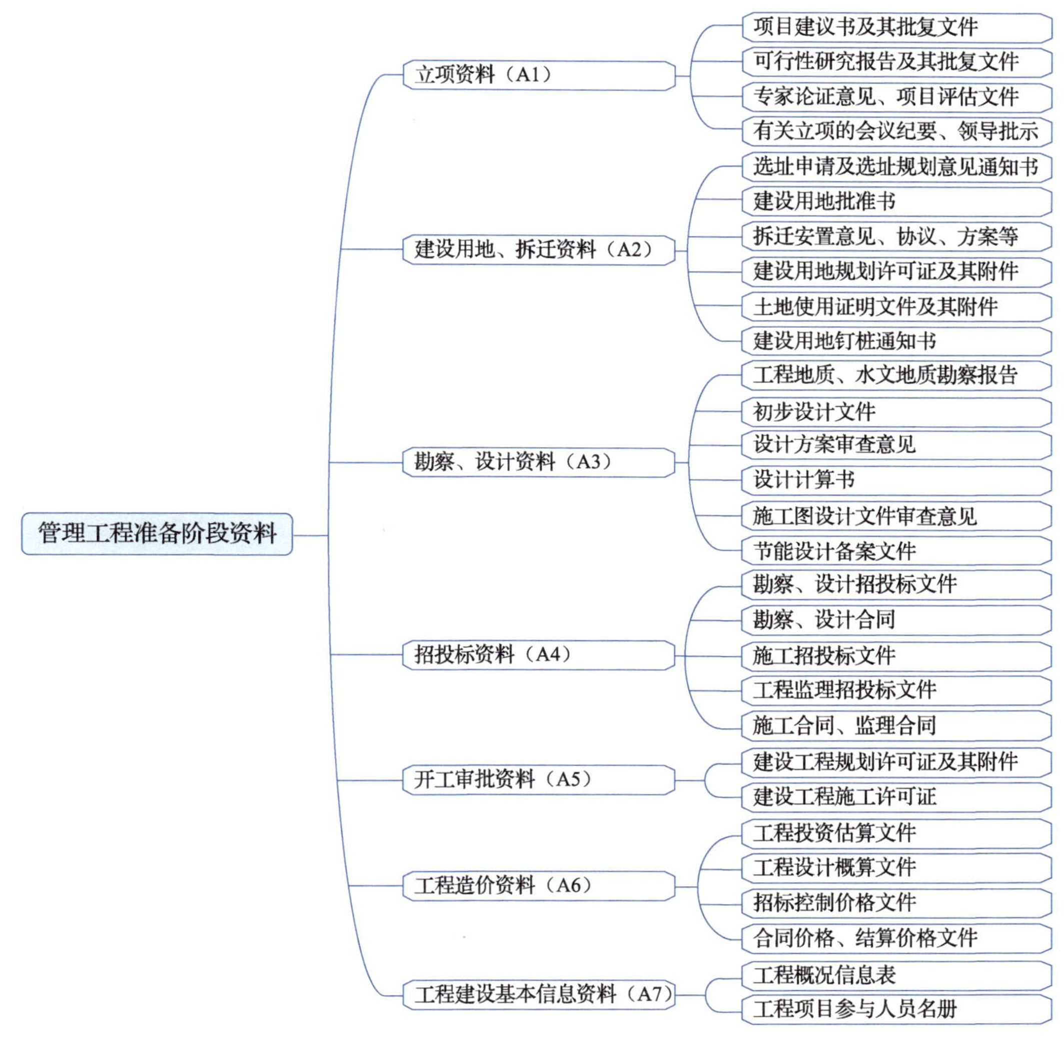

图 2-1　思维导图

2. 小组分工

以 3～5 人为一组，选出组长并进行分工，将小组成员及分工情况填入表 2-1 中。

班级__________ 姓名__________ 学号__________

表 2-1 小组成员及分工情况

<table>
<tr><td>班级</td><td></td><td>组号</td><td></td><td>指导教师</td><td></td></tr>
<tr><td>小组成员</td><td>姓名</td><td>学号</td><td colspan="3">分工</td></tr>
<tr><td>组长</td><td></td><td></td><td colspan="3"></td></tr>
<tr><td rowspan="4">组员</td><td></td><td></td><td colspan="3"></td></tr>
<tr><td></td><td></td><td colspan="3"></td></tr>
<tr><td></td><td></td><td colspan="3"></td></tr>
<tr><td></td><td></td><td colspan="3"></td></tr>
</table>

3. 工作准备

将实施过程中所需资料的信息填入表 2-2 中。

表 2-2 实施过程中所需资料的信息

序号	资料名称	编号	备注

4. 成长记录

学习本项目后，学生可以通过实训“分析工程准备阶段资料管理流程中的问题”来巩固所学的知识，也可将学习过程中遗漏的要点、遇到的问题和解决方法等记录于表 2-3 中。

表 2-3 成长记录表

（可在此处记录学习过程中遗漏的要点、遇到的问题和解决方法等。）

项目引入

在一座现代化科技园区里，王工作为项目经理，正紧锣密鼓地筹备着工程准备阶段的各项事宜。他带领团队，忙碌而有序地收集与整理建设工程施工许可证、工程地质勘察报告、环境评估报告及设计图纸等关键资料。

一次，在整理设计资料时，王工发现一处地质勘察数据异常，这可能会影响桥梁稳定性。王工立即组织专家复审，并依据最新资料辅助设计单位进行调整，避免了潜在的施工风险。这一举动不仅赢得了上级的认可，也确保了工程的安全顺利推进。

思考　工程准备阶段资料包括哪些？它们的办理流程是怎样的？

工程准备阶段资料主要由建设单位负责管理，可分为立项资料（A1），建设用地、拆迁资料（A2），勘察、设计资料（A3），招投标资料（A4），开工审批资料（A5），工程造价资料（A6），工程建设基本信息资料（A7）。

一、立项资料（A1）

立项资料的类别、名称、来源和保存单位如表 2-4 所示。

表 2-4　立项资料的类别、名称、来源和保存单位

类别	名称	来源	保存单位				
			建设单位	设计单位	施工单位	监理单位	城建档案管理机构
1	项目建议书及其批复文件	建设单位、建设行政管理部门	▲				▲
2	可行性研究报告及其批复文件	建设单位、建设行政管理部门	▲				▲
3	专家论证意见、项目评估文件	建设单位	▲				▲
4	有关立项的会议纪要、领导批示	建设单位	▲				▲

注：符号“▲”表示必须归档保存。若无其他说明，全书该符号均表示此含义。

（一）项目建议书及其批复文件

项目建议书又称为立项申请书，是建设单位向国家提出申请建设某一具体建筑工程项目的建议文件，是对拟建项目提出的框架性的总体设想。项目建议书由建设单位自行编制或委托有相应资质的咨询、设计单位编制并申报，由编制单位提供，建设单位负责

收集与整理。

项目建议书的主要内容包括拟建项目提出的必要性和依据，产品方案、拟建项目规模和建设地点的初步设想，资源情况、建设条件和协作关系等的初步分析，投资估算和资金筹措的设想，拟建项目的进度安排，经济效果和社会效益的初步估计。

项目建议书批复文件是指由建设行政管理部门，对项目建议书的批准或否决文件。项目建议书批复文件根据项目大小、投资主体的不同，分别由国家、行业或地方政府管理部门审批形成，建设单位负责收集与整理。项目建议书批复文件的主要内容包括建筑工程项目名称、建设规模及主要建设内容、总投资及资金来源、建设年限、批复意见说明、批复单位及时间等。

（二）可行性研究报告及其批复文件

可行性研究报告是指根据可行性成果编制的综合报告。它是根据国家国民经济发展的长远规划和地区布局的要求，按照建设项目隶属关系，由主管部门组织计划、经济、设计等部门，在可行性研究论证的基础上，选择最优方案的文件。可行性研究报告由建设单位自行编制或委托有相应资质的咨询、设计单位编制，由编制单位提供，建设单位负责收集与整理。

可行性研究报告的主要内容包括概述，需求预测和拟建项目规模，资源、原材料、辅助材料、燃料及公用设施落实情况，建设条件和建设方案，设计方案，环境保护，生产组织、劳动定员和人员培训，实施进度的建议，投资估算和资金筹措，社会效益和经济效益评估。

项目建议书和可行性研究报告的区别

可行性研究报告批复文件是指由建设行政管理部门，对可行性研究报告的批复文件。可行性研究报告批复文件通常按照项目总规模和限额划分审批权限，由各级发展和改革委员会审批形成，建设单位负责收集与整理。可行性研究报告批复文件应对建筑工程项目的规模、方案、建设用地、建设工期、投资与效益等提出具体要求，并对可行性研究报告提出的指标和内容予以认定，同时对特殊情况提出意见。

特别提示

可行性研究报告批复文件是建筑工程项目正式立项的文件，具有法律效力，建设单位应按审批意见组织建设，任何部门、单位或个人均不得随意修改、调整变更。如因条件、环境等因素发生变化，确实需要改变已经批准的可行性研究报告批复文件中的内容及指标时，要经过原批准或备案部门同意，并正式办理变更手续。

（三）专家论证意见、项目评估文件

专家论证意见是指在立项过程中，由建设单位或有关部门组织专家会议后形成的有关建议性方面的文件。专家论证意见由组织单位提供，建设单位负责收集与整理。

项目评估文件是指由建设单位或有关部门对项目的可行性研究报告进行评估论证后形成的文件。项目评估文件由组织评估的单位提供，建设单位负责收集与整理。项目评估文件主要包括投资必要性评估、建设条件评估、技术评估、项目经济数据评估、投资项目财务评估、国民经济评估、社会效益评估等。

（四）有关立项的会议纪要、领导批示

有关立项的会议纪要是指在立项过程中，由建设单位或有关部门召开研究会议后形成的用于记载、传达会议情况和议定事项的法定公文。有关领导批示是指在立项过程中，上级有关领导对项目所作的批示。有关立项的会议纪要、领导批示由建设单位负责收集与整理。

二、建设用地、拆迁资料（A2）

建设用地、拆迁资料的类别、名称、来源和保存单位如表 2-5 所示。

表 2-5 建设用地、拆迁资料的类别、名称、来源和保存单位

类别	名称	来源	保存单位				
			建设单位	设计单位	施工单位	监理单位	城建档案管理机构
1	选址申请及选址规划意见通知书	建设单位、规划行政管理部门	▲				▲
2	建设用地批准书	土地行政管理部门	▲				▲
3	拆迁安置意见、协议、方案等	建设单位	▲				△
4	建设用地规划许可证及其附件	规划行政管理部门	▲				▲
5	土地使用证明文件及其附件	土地行政管理部门	▲				▲
6	建设用地钉桩通知书	规划行政管理部门	▲				▲

注：符号“△”表示选择性归档保存。若无其他说明，全书该符号均表示此含义。

（一）选址申请及选址规划意见通知书

当建筑工程项目在规划区域内进行建设时，建设单位应根据选址申请条件和依据，

向规划行政管理部门提出选址申请。选址申请由建设单位负责编制、收集与整理。

选址规划意见通知书是规划行政管理部门依法核发的有关建筑工程项目的选址和布局的法律凭证。按照国家规定需要有关部门批准或核准的建筑工程项目，以划拨方式提供国有土地使用权的，建设单位在报送有关部门批准或核准前，应当向规划行政管理部门申请核发选址规划意见通知书。选址规划意见通知书由各级规划委员会审批形成，建设单位负责收集与整理。

（二）建设用地批准书

建设用地批准书是指建设单位的用地申请按照法定程序批准后，由市、县级人民政府土地行政管理部门向建设单位颁发的准予使用建设用地的证件，是建设单位依法使用土地进行开发建设的法律凭证。经批准的建筑工程项目需要使用国有建设用地的，建设单位应持法律、行政法规规定的有关文件，向有批准权的市、县级人民政府土地行政管理部门提出建设用地申请，经市、县级人民政府土地行政管理部门审查，拟订供地方案，报市、县级人民政府批准。建设用地批准书由市、县级人民政府土地行政管理部门负责填写和颁发，建设单位负责收集与整理。

特别提示

对于以出让方式取得国有土地使用权的建筑工程项目，在签订出让合同之后，由土地行政管理部门向建设单位颁发建设用地批准书；对于涉及征收集体土地的建筑工程项目，建设单位需要在办理完征地补偿结案手续，并取得相关税费的缴纳票据后，才可申请办理建设用地批准书。

（三）拆迁安置意见、协议、方案等

在取得建设用地批准书之后，建设单位可以向土地行政管理部门申请办理房屋拆迁许可证，然后拟定拆迁安置意见、协议、方案等，最后将拆迁方案报市、县级人民政府并予以公布，征求公众意见。拆迁安置意见、协议、方案等应由建设单位组织协商形成。

（四）建设用地规划许可证及其附件

建设用地规划许可证申请表

建设用地规划许可证是规划行政管理部门对建筑工程项目允许使用国有土地的规划文件，具有法律效力，其附件包括建设用地红线图和规划条件。建设用地规划许可证由建设单位提出申请，规划行政管理部门办理，建设单位负责收集与整理。建设用地规划许可证办理流程如图 2-2 所示。建设用地规划许可证应一式两份，建设单位和城建档案管理机构各保存一份。

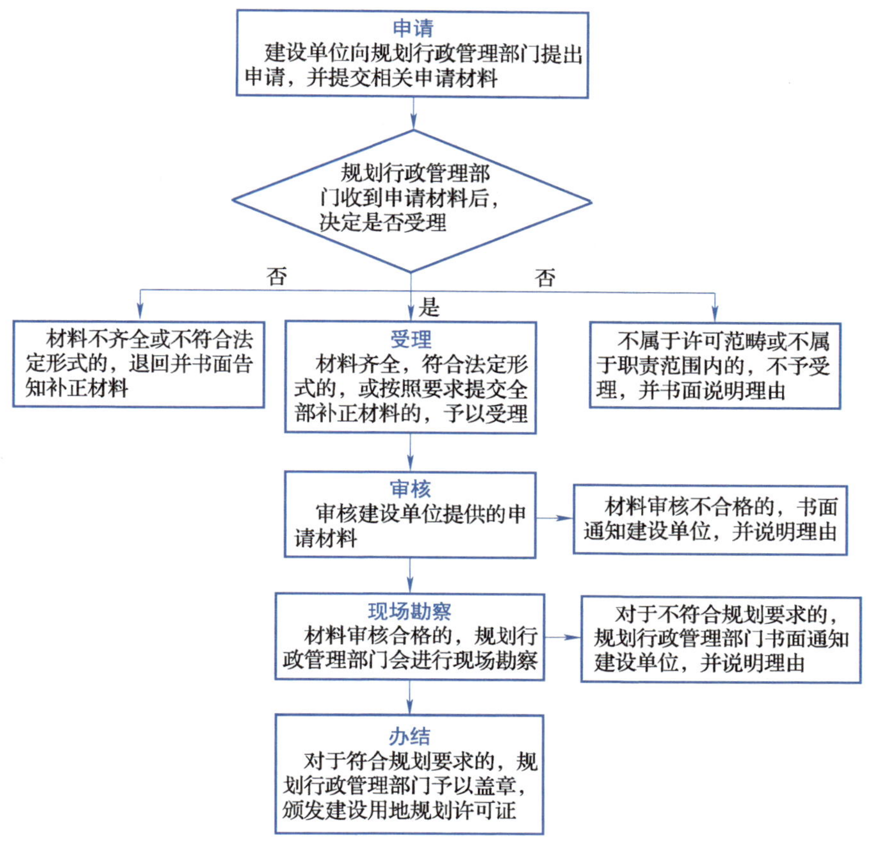

图 2-2　建设用地规划许可证办理流程

建设用地规划许可证规定的用地性质、建设内容和界限等，未经原审批部门同意，任何单位和个人不得擅自调整变更，违者必究。

（五）土地使用证明文件及其附件

土地使用证明文件又称为国有土地使用证，是土地使用者（单位或个人）使用国有土地的法律凭证，其附件是宗地图。一般来讲，建设单位应持有关建设用地批准使用文件等相关证明材料，向土地行政管理部门提出申请，土地行政管理部门经过地籍调查、土地权属审核，确认无误后向建设单位颁发国有土地使用证。因此，土地使用证明文件及其附件均由土地行政管理部门办理，建设单位负责收集与整理。

特别提示

宗地图是指土地使用合同书附图和房地产登记卡附图。

地籍调查是指对土地及有关附属物的权属、位置、数量和利用现状所进行的测量。

（六）建设用地钉桩通知书

规划行政管理部门在核发建设用地规划许可证时，应向建设单位一并发放建设用地钉桩通知书。建设单位在施工前应向规划行政管理部门提交填写完整的建设用地钉桩通知书作为验线申请，规划行政管理部门应在收到建设单位上报的验线申请后 3 个工作日内组织验线。经验线合格后方可施工。

三、勘察、设计资料（A3）

勘察、设计资料的类别、名称、来源和保存单位如表 2-6 所示。

表 2-6　勘察、设计资料的类别、名称、来源和保存单位

类别	名称	来源	保存单位				
			建设单位	设计单位	施工单位	监理单位	城建档案管理机构
1	工程地质勘察报告	勘察单位	▲	▲			▲
2	水文地质勘察报告	勘察单位	▲	▲			▲
3	初步设计文件	设计单位	▲	▲			
4	设计方案审查意见	规划行政管理部门	▲	▲			▲
5	人防、环保、消防等有关主管部门（对设计方案）审查意见	有关主管部门	▲	▲			▲
6	设计计算书	设计单位	▲	▲			△
7	施工图设计文件审查意见	施工图审查机构	▲	▲			▲
8	节能设计备案文件	建设行政管理部门	▲				▲

（一）工程地质勘察报告

工程地质勘察报告是指为查明建筑工程项目的地质条件而进行的综合性的地质勘察工作的成果报告。工程地质勘察报告是由建设单位委托的勘察单位勘察形成的，建设单位负责收集与整理。

工程地质勘察报告的内容分为文字和图表两部分。文字部分包括前言、地形、地貌、地层结构、含水层构造、工程地质条件评述等。图表部分包括钻孔平面布置图、地质柱状图、地质柱状及静探曲线图、地质岩性剖面图、土壤压缩曲线图、土壤试验结果汇总表及土壤剪力试验成果等。

（二）水文地质勘察报告

水文地质勘察报告是指为查明建筑工程项目的水文地质条件而进行的水文地质勘察工作的成果报告。水文地质勘察报告也是由建设单位委托的勘察单位勘察形成的，建设单位负责收集与整理。水文地质勘察报告的内容包括水文地质勘探结果、水文地质测绘结果、水文地质试验结果、地下水动态的长期观测结果、水文地质参数计算结果、地下水资源保护和地下水资源评价等。

（三）初步设计文件

初步设计文件是指建设单位委托设计单位编写的初步设计阶段的设计图纸和设计说明书等文件。初步设计文件由设计单位提供，建设单位负责收集与整理。

对于技术要求相对简单的民用建筑工程项目，当有关主管部门在初步设计阶段没有审查要求，且合同中没有初步设计的约定时，可在方案设计审批后直接进入施工图设计。而对于法律规定的需要进行初步设计的建筑工程项目，初步设计文件编制完成后，需要报规划局、人防办、环保局、气象局、园林局等政府部门审查。

（四）设计方案审查意见

设计方案是指由建设单位委托的设计单位根据设计要求和设计任务书的内容编制的方案设计文件，包括设计说明书、总平面图、相关建筑设计图，以及设计委托或设计合同中规定的透视图、鸟瞰图、模型等。设计方案审查是指规划行政管理部门，以及人防办、环保局、气象局、园林局等政府部门对建设单位提交的设计方案的合理性进行的审查。

设计方案审查合格后，由规划行政管理部门出具审查合格证书。因此，设计方案审查意见由规划行政管理部门审批形成，建设单位负责收集与整理。

（五）设计计算书

设计计算书是指体现计算所用荷载、计算假定、计算参数、计算模型、计算结果等的文件。设计计算书既是图纸校核的依据，又是以后建筑工程项目改造的复核依据。设计计算书由设计单位审批形成，建设单位负责收集与整理。

（六）施工图设计文件审查意见

施工图设计文件是指设计单位按批准的设计方案、设计要求和审批意见，将初步设计文件进一步具体化，编制出施工对象的全部尺寸、用料、结构、构造，以及施工要求的图样。施工图设计文件审查是指施工图审查机构按照有关法律、法规，对施工图设计文件涉及公共利益、公众安全和工程建设强制性标准的内容进行的审查。

施工图设计文件审查合格后，施工图审查机构应向建设单位出具审查合格证书，并在全套施工图上加盖审查专用章。因此，施工图设计文件审查意见由施工图审查机构提供，建设单位负责收集与整理。

特别提示

审查合格证书应有各专业审查人员的签字，并应经法定代表人签发，且加盖施工图审查机构公章。施工图审查机构应在出具审查合格证书后5个工作日内，将审查情况报工程所在地县级以上地方人民政府住房城乡建设主管部门备案。

（七）节能设计备案文件

施工图设计文件审查合格后，建设单位即可向建设行政管理部门提交资料办理节能设计备案手续。建设行政管理部门收到资料后，应在5个工作日内给出是否予以办理备案手续的决定。对同意办理备案手续的，应在建筑节能设计审查备案表上签署备案意见，并加盖建筑节能审查专用章；对不予办理备案手续的，应予以书面通知并说明理由。

四、招投标资料（A4）

招投标资料的类别、名称、来源和保存单位如表2-7所示。

表2-7　招投标资料的类别、名称、来源和保存单位

类别	名称	来源	保存单位				
			建设单位	设计单位	施工单位	监理单位	城建档案管理机构
1	勘察、设计招投标文件	建设单位、勘察与设计单位	▲	▲			
2	勘察、设计合同	建设单位、勘察与设计单位	▲	▲			▲
3	施工招投标文件	建设单位、施工单位	▲		▲	△	
4	施工合同	建设单位、施工单位	▲		▲	△	▲
5	工程监理招投标文件	建设单位、监理单位	▲			▲	
6	监理合同	建设单位、监理单位	▲			▲	▲

（一）勘察、设计招投标文件

勘察、设计招投标文件是指建设单位在选择建筑工程项目勘察与设计单位的过程中进行招标、投标活动的文件。勘察、设计招标文件由建设单位或其委托的咨询单位编制，勘察、设计投标文件由勘察与设计单位或其委托的咨询单位按照勘察、设计招标文件的要求编制。勘察、设计招投标文件由编制单位提供，建设单位负责收集与整理。

（二）勘察、设计合同

勘察、设计合同是指建设单位与中标或委托的勘察与设计单位为完成特定的勘察与设计任务，明确双方权利与义务的合同。勘察、设计合同由参与签订勘察与设计合同的单位编制，建设单位负责收集与整理。

（三）施工招投标文件

施工招投标文件是指建设单位在选择建筑工程项目施工单位的过程中进行招标、投标活动的文件。施工招标文件由建设单位或其委托的咨询单位编制，施工投标文件由施工单位或其委托的咨询单位按照施工招标文件的要求编制。施工招投标文件由编制单位提供，建设单位负责收集与整理。

（四）施工合同

施工合同是指建设单位与中标或委托的施工单位为完成特定的建筑工程项目施工任务，明确双方权利与义务的合同。在我国，施工合同一般采用《建设工程施工合同（示范文本）》。

（五）工程监理招投标文件

工程监理招投标文件是指建设单位在选择建筑工程项目监理单位的过程中进行招标、投标活动的文件。工程监理招标文件由建设单位或其委托的咨询单位编制，工程监理投标文件由监理单位或其委托的咨询单位按照工程监理招标文件的要求编制。工程监理招投标文件由编制单位提供，建设单位负责收集与整理。

（六）监理合同

监理合同是指建设单位聘请监理单位代其对建筑工程项目进行管理，明确双方权利与义务的合同。在我国，监理合同一般采用《建设工程委托监理合同（示范文本）》。

五、开工审批资料（A5）

开工审批资料的类别、名称、来源和保存单位如表 2-8 所示。

表 2-8　开工审批资料的类别、名称、来源和保存单位

类别	名称	来源	保存单位				
			建设单位	设计单位	施工单位	监理单位	城建档案管理机构
1	建设工程规划许可证及其附件	规划行政管理部门	▲		△	△	▲
2	建设工程施工许可证	建设行政管理部门	▲		▲	▲	▲

（一）建设工程规划许可证及其附件

建设工程规划许可证是指建设单位申请划拨、出让土地前，经规划行政管理部门确认建筑工程项目位置、面积和允许建设范围符合城市规划的文件。建设工程规划许可证由建设单位提出申请，规划行政管理部门办理，建设单位负责收集与整理。建设单位在申请办理建设工程规划许可证时，应当提交土地使用证明文件、设计方案等材料。建设工程规划许可证办理流程如图 2-3 所示。建设工程规划许可证及其附件应一式四份，建设单位、施工单位、监理单位和城建档案管理机构各保存一份。

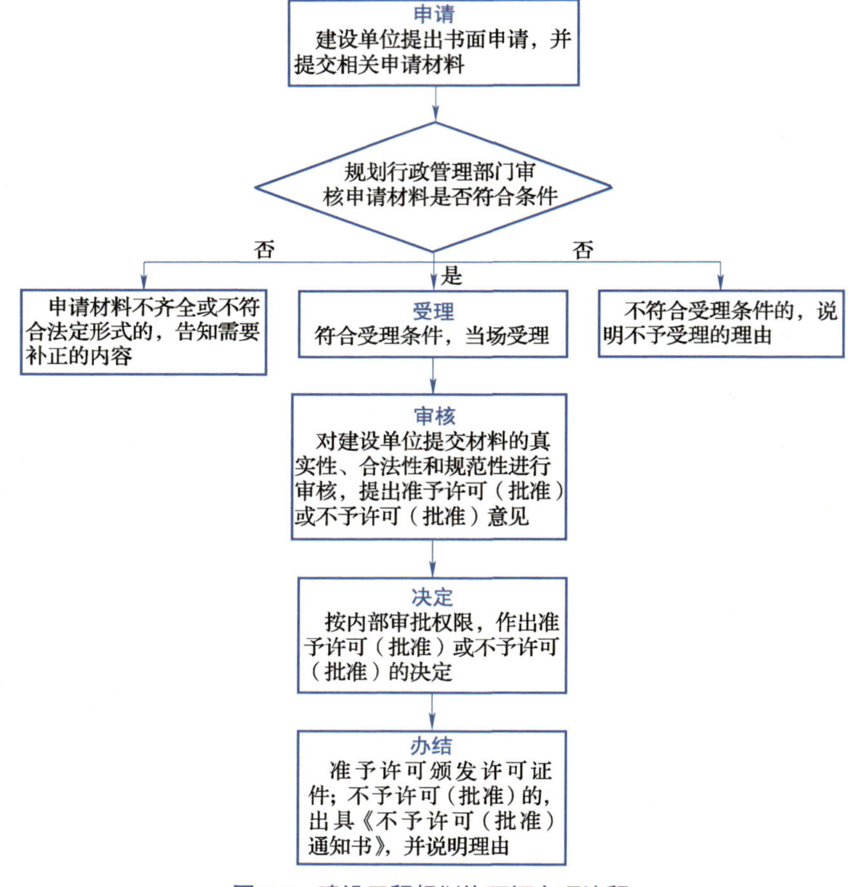

图 2-3　建设工程规划许可证办理流程

（二）建设工程施工许可证

建设工程施工许可证是建设单位进行工程施工的法律凭证，也是房屋权属登记的主要依据之一。建设单位在建筑工程项目开工前，应当按照国家有关规定向建筑工程项目所在市、县级人民政府建设行政管理部门申请建设工程施工许可证。建设工程施工许可证办理流程如图 2-4 所示。建设工程施工许可证应一式四份，建设单位、施工单位、监理单位和城建档案管理机构各保存一份。

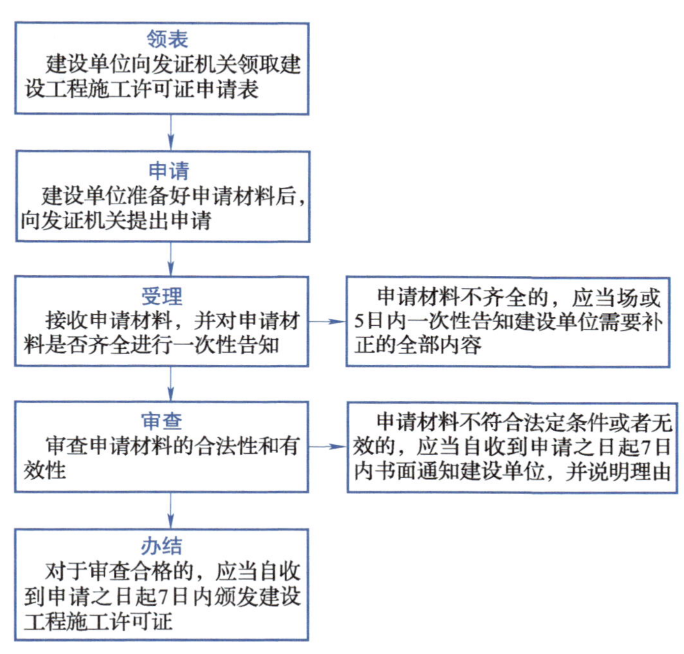

图 2-4 建设工程施工许可证办理流程

特别提示

建筑工程项目在施工过程中，建设单位或者施工单位发生变更的，应当重新申请领取建设工程施工许可证。

六、工程造价资料（A6）

工程造价资料的关系

工程造价资料的类别、名称、来源和保存单位如表 2-9 所示。

表 2-9 工程造价资料的类别、名称、来源和保存单位

类别	名称	来源	保存单位				
			建设单位	设计单位	施工单位	监理单位	城建档案管理机构
1	工程投资估算文件	建设单位	▲				
2	工程设计概算文件	设计单位	▲				
3	招标控制价格文件	建设单位	▲				
4	合同价格文件	建设单位、施工单位	▲		▲		△
5	结算价格文件	施工单位	▲		▲		△

（一）工程投资估算文件

工程投资估算文件是指在项目申请或可行性研究阶段，估算拟建项目所需全部建设资金数额，提出资金筹措和使用计划，并对投资效益进行分析的设计文件，一般由封面、签署页、编制说明、投资估算分析、总投资估算表、单项工程估算表和主要技术经济指标等组成。工程投资估算文件一般由建设单位或其委托的设计单位或工程造价咨询单位编制，由编制单位提供，建设单位负责收集与整理。

（二）工程设计概算文件

笔记

工程设计概算文件是指在初步设计阶段，设计单位根据初步设计图纸及有关资料编制的建筑工程项目从筹建至竣工全过程发生的费用文件。工程设计概算文件一般包括单位工程概算、单项工程综合概算、其他工程的费用概算、建筑工程项目总概算、编制说明等。工程设计概算文件由设计单位或其委托的工程造价咨询单位编制，由设计单位提供，建设单位负责收集与整理。

（三）招标控制价格文件

招标控制价格文件是指招标人根据国家或省级、行业建设主管部门颁发的有关计价依据和办法，以及拟定的招标文件和招标工程量清单，结合建筑工程项目具体情况编制的招标项目的最高投标限价文件。招标控制价格文件应由具有编制能力的招标人编制，当招标人不具有编制招标控制价格文件的能力时，可委托具有相应资质的工程造价咨询单位编制，建设单位负责收集与整理。

（四）合同价格文件

合同价格文件是指在建筑工程项目招投标阶段，合同双方根据合同条款及有关规定确定的拟建工程造价总额的文件。合同价格文件由建设单位和施工单位共同编制，建设单位负责收集与整理。

（五）结算价格文件

结算价格文件是指施工单位按照施工合同和已完工程量向建设单位办理工程价格清算的经济文件。结算价格文件一般包括单位工程竣工结算、单项工程竣工结算和建设项目竣工总结算等。结算价格文件由施工单位编制、提供，建设单位负责收集与整理。

特别提示

如果工程建设周期长、耗用资金大，为使施工单位在施工中耗用的资金及时得到补偿，施工单位需要对工程价款进行中间结算（进度款结算）、年终结算，在全部工程竣工验收后应进行竣工结算。

七、工程建设基本信息资料（A7）

工程建设基本信息资料的类别、名称、来源和保存单位如表 2-10 所示。

表 2-10 工程建设基本信息资料的类别、名称、来源和保存单位

类别	名称	来源	保存单位				
			建设单位	设计单位	施工单位	监理单位	城建档案管理机构
1	工程概况信息表	建设单位	▲		△		▲
2	建设单位工程项目负责人及现场管理人员名册	建设单位	▲				▲
3	监理单位工程项目总监及监理人员名册	监理单位	▲			▲	▲
4	施工单位工程项目经理及质量管理人员名册	施工单位	▲		▲		▲

（一）工程概况信息表

工程概况信息表是对工程基本情况及有关单位情况的简要描述，由建设单位填写。工程概况信息表可采用表 2-11 的格式。

表 2-11　工程概况信息表

<table>
<tr><td colspan="5">建设工程概况（建筑工程类）</td><td colspan="3">档号（由档案馆填写）</td><td colspan="2"></td></tr>
<tr><td colspan="3">建筑工程名称</td><td colspan="2">××工程</td><td colspan="3">工程曾用名</td><td colspan="2"></td></tr>
<tr><td colspan="3">建筑工程地址</td><td colspan="7">××市××区××路××号</td></tr>
<tr><td colspan="3">规划用地许可证号</td><td colspan="2">××××</td><td colspan="3">规划许可证号</td><td colspan="2">××××</td></tr>
<tr><td colspan="3">施工许可证号</td><td colspan="2">××××</td><td colspan="3">工程设计号</td><td colspan="2">××××</td></tr>
<tr><td colspan="3">工程档案登记号</td><td colspan="2">××××</td><td colspan="3">工程决算</td><td colspan="2">××万元</td></tr>
<tr><td colspan="3">开工日期</td><td colspan="2">20××年 8 月 22 日</td><td colspan="3">竣工日期</td><td colspan="2">20××年 12 月 31 日</td></tr>
<tr><td rowspan="4">建设单位</td><td colspan="2">单位名称</td><td colspan="2">××市开发公司</td><td colspan="3">单位代码</td><td colspan="2">××××</td></tr>
<tr><td colspan="2">单位地址</td><td colspan="2">××市××区××路</td><td colspan="3">邮政编码</td><td colspan="2">××××</td></tr>
<tr><td colspan="2">联系人</td><td colspan="2">×××</td><td colspan="3">电话</td><td colspan="2">××××</td></tr>
<tr><td colspan="3">建设单位上级主管</td><td colspan="6"></td></tr>
<tr><td colspan="4">与本工程有关单位</td><td colspan="3">单位名称</td><td colspan="3">单位代码</td></tr>
<tr><td colspan="4">产权单位</td><td colspan="3">××市开发公司</td><td colspan="3">××××</td></tr>
<tr><td colspan="4">立项批准单位</td><td colspan="3">规划委员会</td><td colspan="3">××××</td></tr>
<tr><td colspan="4">勘察单位</td><td colspan="3">××勘察与设计公司</td><td colspan="3">××××</td></tr>
<tr><td colspan="4">监理单位</td><td colspan="3">××监理有限公司</td><td colspan="3">××××</td></tr>
<tr><td colspan="4">竣工测量单位</td><td colspan="3">××测量有限公司</td><td colspan="3">××××</td></tr>
<tr><td colspan="4">施工单位</td><td colspan="3">××建筑工程有限公司</td><td colspan="3">××××</td></tr>
<tr><td colspan="2">总建筑面积/m^2</td><td colspan="2">58 290.6</td><td colspan="2">总占地面积/m^2</td><td>22 985.3</td><td colspan="2">栋数</td><td>4</td></tr>
</table>

（二）工程项目参与人员名册

工程项目参与人员名册包括建设单位工程项目负责人及现场管理人员名册、监理单位工程项目总监及监理人员名册和施工单位工程项目经理及质量管理人员名册。

1. 建设单位工程项目负责人及现场管理人员名册

建设单位工程项目负责人及现场管理人员名册包括工程项目负责人、技术负责人、土建专业负责人、暖通专业负责人、电气专业负责人等。建设单位工程项目负责人及现场管理人员名册应填写工程名称、单位名称，以及参与人员的姓名、职务、职称、工作职责、本项工作起止时间等。

2. 监理单位工程项目总监及监理人员名册

监理单位工程项目总监及监理人员名册包括总监理工程师、专业监理工程师、监理员等。监理单位工程项目总监及监理人员名册应填写工程名称、单位名称，以及参与人员的姓名、职务、职称、工作职责、资格证书编号、本项工作起止时间等。

3. 施工单位工程项目经理及质量管理人员名册

施工单位工程项目经理及质量管理人员名册包括项目经理、项目技术负责人、生产经理、质量员、安全员等。施工单位工程项目经理及质量管理人员名册应填写工程名称、单位名称，以及参与人员的职位、姓名、执业证号等。施工单位工程项目经理及质量管理人员名册可采用表 2-12 的格式。

表 2-12 施工单位工程项目经理及质量管理人员名册

<table>
<tr><td>工程名称</td><td>××工程</td><td>单位名称</td><td>××建筑工程有限公司</td></tr>
<tr><td>职位</td><td>姓名</td><td>身份证号</td><td>执业证号</td></tr>
<tr><td>项目经理</td><td>×××</td><td>××××</td><td>××××</td></tr>
<tr><td>项目技术负责人</td><td>×××</td><td>××××</td><td>××××</td></tr>
<tr><td>生产经理</td><td>×××</td><td>××××</td><td>××××</td></tr>
<tr><td>质量员</td><td>×××</td><td>××××</td><td>××××</td></tr>
<tr><td>安全员</td><td>×××</td><td>××××</td><td>××××</td></tr>
<tr><td colspan="4">上述人员是我单位为××工程配备的项目施工现场管理人员，请建设（监理）单位审核。
企业技术负责人：×××
企业法人代表：××× （盖章）
20××年 8 月 6 日</td></tr>
<tr><td colspan="4">审核意见：
经审核，执业证书真实有效。
建设单位项目负责人（总监理工程师）：××× （盖章）
20××年 8 月 6 日</td></tr>
</table>

在工程准备阶段，加强法律意识至关重要。这不仅是建筑工程人员专业素养的体现，也是确保建筑工程项目稳步推进、有效防范法律风险的关键。建筑工程人员需要深入研究和全面理解有关法律法规，确保所有资料严格遵循规定生成；同时，还需要提升对法律风险的防范意识，能够预判潜在的法律问题，并制订有效的应对策略。通过加强法律意识，使建筑工程项目在法治轨道上稳健推进，为社会的和谐、稳定与持续发展贡献力量。

项目实施——分析工程准备阶段资料管理流程中的问题

1. 实施背景

某建设单位计划在新兴城市开发一个集住宅、商业和休闲为一体的综合性建筑工程项目。在该建筑工程项目实施过程中，建设单位在拆迁、招投标及建设工程施工许可证申请等关键阶段遇到了与沟通和建筑工程资料管理相关的问题，给建筑工程项目的进度、成本和质量造成了严重影响。

（1）在拆迁阶段，由于建设单位对拆迁资料的收集和管理不够规范，导致部分居民的房屋拆迁资料不全，无法准确评估房屋的价值和补偿金额。这引发了部分居民与征收部门之间的补偿纠纷，部分居民认为补偿金额过低，无法满足他们的合理需求。

（2）在招投标阶段，甲施工单位尽管凭借综合优势成功中标，但在提交投标文件时，由于疏忽，缺少了部分关键的技术方案和安全保障措施。这导致在施工合同签订后，建设单位对甲施工单位的履约能力产生怀疑，双方因此发生了纠纷。

（3）在申请建设工程施工许可证时，建设单位发现由于内部沟通不畅和资料整理不及时，申请材料中缺少了环境影响评估报告这一关键文件，导致建设工程施工许可证申请被驳回。

2. 实施步骤

（1）根据实施背景，学生以小组为单位组织讨论以下问题。

① 针对拆迁阶段补偿纠纷的原因，提出改进措施。

② 针对投标资料不全对建设单位和施工单位产生的影响，给出解决方案。

③ 阐述建设工程施工许可证申请材料不符合要求可能给该建筑工程项目带来的风险，并提出预防措施。

（2）各小组选派代表对上述问题进行回答。

（3）指导教师对各组的回答进行点评。

问题分析提示

① 拆迁阶段补偿纠纷的原因是拆迁资料不全，导致无法准确评估房屋价值和补偿金额。针对此原因，可采取以下改进措施。

a. 加强拆迁资料的收集、整理和管理，确保每户居民的拆迁资料完整。

b. 引入第三方评估机构，对居民房屋进行公正、客观地评估，确保补偿金额合理。

c. 加强与居民的沟通和协商，了解他们的合理需求，并及时解决他们的疑虑和不满。

② 投标资料不全对施工单位的信誉产生影响，使建设单位对其履约能力产生怀疑，从而导致双方合作关系紧张，影响建筑工程项目的进展。对此，可采取以下解决方案。

a．施工单位加强投标文件的审核和把关，确保关键信息完整无误。

b．施工单位提高内部管理水平，确保技术方案和安全保障措施的完整性和准确性。

c．施工单位如发现缺失关键信息，及时与建设单位沟通并补充完整，以消除建设单位的疑虑。

③ 建设工程施工许可证申请材料不符合要求可能给该建筑工程项目带来的风险如下。

a．建设工程施工许可证申请被驳回，导致建筑工程项目无法按时开工。

b．增加建筑工程项目的时间成本、人力成本和资金成本。

c．损害建设单位的声誉和市场形象。

建设工程施工许可证申请材料不符合要求的预防措施如下。

a．加强内部沟通和协作，确保申请材料的完整性和准确性。

b．提前了解和熟悉当地法规和政策要求，确保申请材料符合相关要求。

c．如发现申请材料不符合要求，及时整改并重新提交申请，避免延误建筑工程项目开工时间。

项目综合考核

1．填空题

（1）所有的立项资料都需要______________和______________两个单位保存。

（2）当建筑工程项目在规划区域内进行建设时，____________应根据选址申请条件和依据，向规划行政管理部门提出选址申请。

（3）建设用地规划许可证由____________提出申请，______________办理。

（4）工程地质勘察报告的内容分为____________和____________两部分。

（5）初步设计文件由____________提供，建设单位负责收集与整理。

（6）________________是建设单位进行工程施工的法律凭证，也是房屋权属登记的主要依据之一。

（7）建设工程施工许可证需要由______________、______________、______________和______________保存。

（8）合同价格文件由____________________和____________________共同编制。

（9）工程概况信息表是对工程基本情况及有关单位情况的简要描述，由__________填写。

2. 选择题

（1）项目建议书由（　　）自行编制或委托有相应资质的咨询、设计单位编制并申报。

A. 建设单位　　B. 监理单位

C. 施工单位　　D. 设计单位

（2）土地使用证明文件及其附件均由（　　）办理。

A. 规划行政管理部门　　B. 建设单位

C. 土地行政管理部门　　D. 监理单位

（3）建设单位在施工前应向规划行政管理部门提交填写完整的建设用地钉桩通知书作为验线申请，规划行政管理部门应在收到建设单位上报的验线申请后（　　）个工作日内组织验线。

A. 2　　B. 3

C. 4　　D. 5

（4）设计计算书由（　　）审批形成。

A. 建设单位　　B. 监理单位

C. 施工单位　　D. 设计单位

（5）工程设计概算文件由（　　）或其委托的工程造价咨询单位编制。

A. 建设单位　　B. 设计单位

C. 监理单位　　D. 施工单位

（6）结算价格文件由（　　）编制。

A. 建设单位　　B. 监理单位

C. 施工单位　　D. 设计单位

3. 简答题

（1）项目建议书的主要内容包括哪些？

（2）什么是可行性研究报告？其主要内容包含哪些？

（3）建设用地、拆迁资料包括哪些？

（4）简述建设用地规划许可证办理流程。

（5）什么是施工图设计文件审查？

（6）什么是工程设计概算文件？

4. 案例分析题

某高校拟建一栋实验楼，经公开招标确定了甲施工单位和乙监理单位。甲施工单位向工程所在地的建设行政管理部门申请领取建设工程施工许可证。

在施工过程中，甲施工单位为了加快施工进度，未能严格按照设计要求对混凝土进行充分的振捣，这一疏忽导致混凝土内部产生了空洞和裂缝。作为监督单位的乙监理单位，在混凝土浇筑过程中应当进行严格的监督，确保甲施工单位严格按照设计要求进行施工。然而，在此次事件中，乙监理单位并未能有效地履行职责，既没有及时发现甲施工单位的违规行为，也未能及时指出问题并要求甲施工单位进行整改。

由于乙监理单位的疏忽，混凝土的质量问题未能得到及时发现和解决。随着施工的推进，这些问题逐渐暴露出来，不仅延误了实验楼的施工进度，而且对整个实验楼的结构安全性和稳定性构成了潜在的威胁。

问题：

（1）甲施工单位向工程所在地的建设行政管理部门申请领取建设工程施工许可证的做法是否妥当？为什么？

（2）乙监理单位在此次事件中未能有效地履行职责，可能会给自身带来哪些影响？

（3）为了确保施工质量和安全，可以采取哪些措施防止类似事件再次发生？

笔记

项目综合评价

指导教师根据学生对本项目的实际学习成果进行评价，学生配合指导教师完成如表 2-13 所示的学习成果评价表。

表 2-13 学习成果评价表

<table>
<tr><td>班级</td><td></td><td>组号</td><td></td><td>日期</td><td></td></tr>
<tr><td>姓名</td><td></td><td>学号</td><td></td><td>指导教师</td><td></td></tr>
<tr><td>项目名称</td><td colspan="5">管理工程准备阶段资料</td></tr>
<tr><td>项目评价</td><td colspan="3">评价内容</td><td>满分/分</td><td>评分/分</td></tr>
<tr><td rowspan="7">知识
（40%）</td><td colspan="3">立项资料</td><td>6</td><td></td></tr>
<tr><td colspan="3">建设用地、拆迁资料</td><td>6</td><td></td></tr>
<tr><td colspan="3">勘察、设计资料</td><td>6</td><td></td></tr>
<tr><td colspan="3">招投标资料</td><td>5</td><td></td></tr>
<tr><td colspan="3">开工审批资料</td><td>6</td><td></td></tr>
<tr><td colspan="3">工程造价资料</td><td>6</td><td></td></tr>
<tr><td colspan="3">工程建设基本信息资料</td><td>5</td><td></td></tr>
<tr><td rowspan="3">技能
（40%）</td><td colspan="3">能够收集和整理工程准备阶段的资料</td><td>15</td><td></td></tr>
<tr><td colspan="3">能够与团队成员建立良好的沟通关系</td><td>10</td><td></td></tr>
<tr><td colspan="3">能够填写工程准备阶段有关资料的申请表</td><td>15</td><td></td></tr>
<tr><td rowspan="4">素质
（20%）</td><td colspan="3">积极参加教学活动，主动学习、思考、讨论</td><td>5</td><td></td></tr>
<tr><td colspan="3">逻辑清晰，准确理解和分析问题</td><td>5</td><td></td></tr>
<tr><td colspan="3">认真负责，按时完成学习、实践任务</td><td>5</td><td></td></tr>
<tr><td colspan="3">团结协作，与组员之间密切配合</td><td>5</td><td></td></tr>
<tr><td colspan="4">合计</td><td>100</td><td></td></tr>
<tr><td>自我评价</td><td colspan="5"></td></tr>
<tr><td>指导教师评价</td><td colspan="5"></td></tr>
</table>

项目三

管理监理资料

项目导读

监理资料不仅是监理工作的原始记录，更是评定监理工作、界定各方责任的关键证据。有效的监理资料管理对于确保建筑工程质量、保障建筑工程顺利进行具有不可或缺的作用。

本项目主要介绍监理管理资料、进度控制资料、质量控制资料、造价控制资料、工期管理资料和监理验收资料的基本管理要求。

项目要求

知识目标

（1）掌握监理管理资料的基本管理要求。

（2）掌握进度控制资料的基本管理要求。

（3）掌握质量控制资料的基本管理要求。

（4）掌握造价控制资料的基本管理要求。

（5）掌握工期管理资料的基本管理要求。

（6）掌握监理验收资料的基本管理要求。

技能目标

（1）能够收集和整理监理资料。

（2）能够编制监理资料。

素质目标

（1）培养客观公正、诚实守信的工作态度。

（2）养成深思熟虑、按时交付的工作习惯。

班级________ 姓名________ 学号________

项目工单

1．思维导图

思维导图（见图 3-1）清晰地呈现出了本项目的学习要点。请学生根据思维导图来预习相关知识，以便更有针对性地学习。

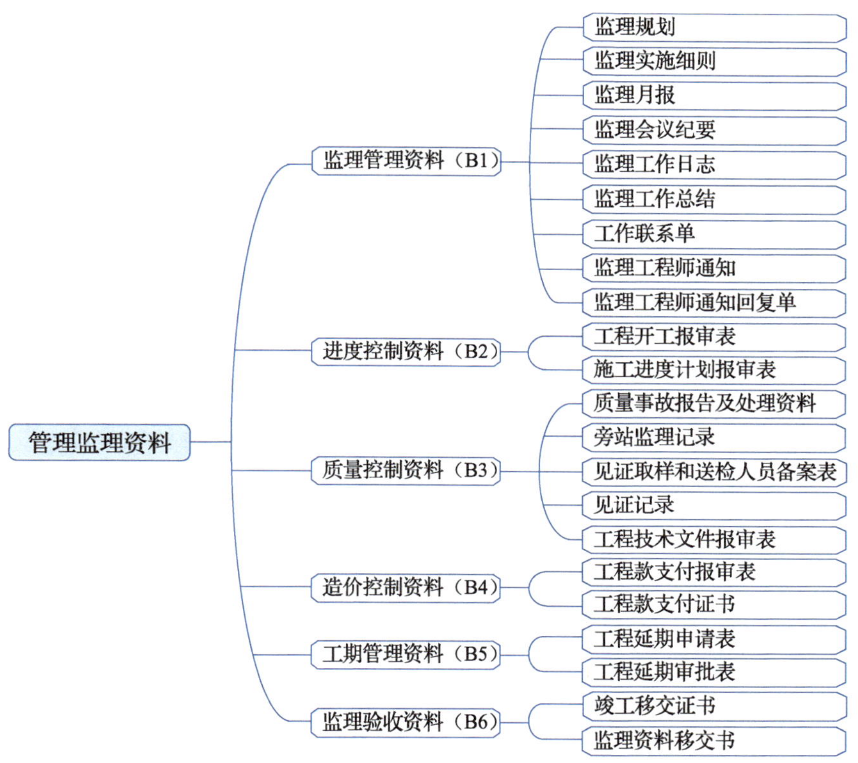

图 3-1　思维导图

2．小组分工

以 3～5 人为一组，选出组长并进行分工，将小组成员及分工情况填入表 3-1 中。

表 3-1　小组成员及分工情况

<table>
<tr><td>班级</td><td></td><td>组号</td><td></td><td>指导教师</td><td></td></tr>
<tr><td>小组成员</td><td>姓名</td><td>学号</td><td colspan="3">分工</td></tr>
<tr><td>组长</td><td></td><td></td><td colspan="3"></td></tr>
<tr><td rowspan="4">组员</td><td></td><td></td><td colspan="3"></td></tr>
<tr><td></td><td></td><td colspan="3"></td></tr>
<tr><td></td><td></td><td colspan="3"></td></tr>
<tr><td></td><td></td><td colspan="3"></td></tr>
</table>

3. 工作准备

将实施过程中所需资料的信息填入表 3-2 中。

表 3-2 实施过程中所需资料的信息

序号	资料名称	编号	备注

4. 成长记录

学习本项目后，学生可以通过实训“分析监理资料管理流程中的问题”来巩固所学的知识，也可将学习过程中遗漏的要点、遇到的问题和解决方法等记录于表 3-3 中。

表 3-3 成长记录表

（可在此处记录学习过程中遗漏的要点、遇到的问题和解决方法等。）

项目引入

孙工为项目监理工程师，某日，在日常巡查时，他发现某批次混凝土强度检测数据偏低，这一发现立即引起了他的高度警觉，因为混凝土强度直接关系到建筑工程的安全。他立即返回办公室，系统地翻阅监理资料，比对施工记录与材料检验报告，发现混凝土配合比有误。

孙工迅速上报，并紧急召集施工单位整改，同时更新监理资料，确保整改过程有据可查。这次事件及时消除了安全隐患，也让孙工深刻意识到监理资料的重要性——它不仅是记录，更是保障建筑工程质量的“盾牌”。

自那以后，孙工对待每一份资料都更加严谨，确保信息准确无误，默默守护着每一个建筑工程的质量与安全。

思考 监理资料包括哪些？应如何填写？

监理资料主要由监理单位负责管理，可分为监理管理资料（B1）、进度控制资料（B2）质量控制资料（B3）、造价控制资料（B4）、工期管理资料（B5）、监理验收资料（B6）。

一、监理管理资料（B1）

监理管理资料的类别、名称、来源和保存单位如表 3-4 所示。

表 3-4 监理管理资料的类别、名称、来源和保存单位

类别	名称	来源	保存单位				
			建设单位	设计单位	施工单位	监理单位	城建档案管理机构
1	监理规划	监理单位	▲			▲	▲
2	监理实施细则	监理单位	▲		△	▲	▲
3	监理月报	监理单位	△			▲	
4	监理会议纪要	监理单位	▲		△	▲	
5	监理工作日志	监理单位				▲	
6	监理工作总结	监理单位				▲	▲
7	工作联系单	监理单位、施工单位	▲		△	△	
8	监理工程师通知	监理单位	▲		△	△	△

（续表）

类别	名称	来源	保存单位				
			建设单位	设计单位	施工单位	监理单位	城建档案管理机构
9	监理工程师通知回复单	施工单位	▲		△	△	△
10	工程暂停令	监理单位	▲		△	△	▲
11	工程复工报审表	施工单位	▲		▲	▲	▲

下面主要介绍前9项常用的监理管理资料。如需要获取其他监理管理资料，请扫描右侧的二维码。

其他监理管理资料

（一）监理规划

监理规划是项目监理机构全面开展建筑工程监理工作的指导性文件，是建设监理主管部门对监理单位进行监督管理的主要依据，也是建设单位确认监理单位是否全面、认真履行监理合同的主要依据。

监理规划可在签订建设工程监理合同及收到工程设计文件后由总监理工程师组织，专业监理工程师参加编制，监理单位技术负责人审批，并加盖监理单位公章，然后在召开第一次工地会议前报送建设单位。

监理规划的主要内容包括建筑工程概况，监理工作的范围、内容和目标，监理工作依据，监理单位的组织形式、人员配备及进退场计划、人员岗位职责，监理工作制度，建筑工程质量控制，建筑工程造价控制，建筑工程进度控制，安全生产管理的监理工作，合同与信息管理，组织协调，监理工作设施等。

监理规划应结合建筑工程实际情况，明确项目监理机构的工作目标，确定具体的监理工作制度、内容、程序、方法和措施。在实施建筑工程监理过程中，当实际情况或施工条件发生变化而需要调整监理规划时，应由总监理工程师组织专业监理工程师修改，并应经监理单位技术负责人批准后报建设单位。

特别提示

项目监理机构是指监理单位派驻建筑工程负责履行监理合同的组织机构，又称为项目监理部。项目监理机构的监理人员应由总监理工程师、专业监理工程师和监理员组成，且专业配套、数量应满足监理工作需要，必要时可设总监理工程师代表。

（二）监理实施细则

监理实施细则是指根据监理规划，在落实了各专业的监理责任后，针对建筑工程中某一专业或某一方面开展监理工作的操作性文件。对专业性较强、危险性较大的分部分项工程，也应编制监理实施细则。监理实施细则应在建筑工程施工开始前由专业监理工程师编制，并报总监理工程师审批。

监理实施细则的主要内容包括专业工程特点、监理工作流程、监理工作要点、监理工作方法及措施等。

监理实施细则应依据监理规划、建筑工程建设标准、建筑工程设计文件、施工组织设计、（专项）施工方案等进行编制。在实施建筑工程监理的过程中，监理实施细则可根据实际情况进行补充、修改，并应经总监理工程师批准后实施。

（三）监理月报

监理月报是指在建筑工程施工过程中，项目监理机构每月向建设单位提交的建筑工程监理工作及建筑工程实施情况等的分析总结报告。监理月报应由总监理工程师组织编制，签字后需要报本监理单位和建设单位。监理月报报送时间由监理单位和建设单位协商确定。

监理月报的主要内容包括本月建筑工程实施情况、本月监理工作情况、本月施工中存在的问题及处理情况、下月监理工作重点等。

监理月报的内容应全面真实地反映工程现状和监理工作情况，做到数据准确、重点突出、语言简练，并附必要的图表和照片，确保监理工作可追溯。

（四）监理会议纪要

监理会议纪要是指项目监理机构根据会议记录整理，经总监理工程师审阅，并经与会各方代表会签的文件。监理会议纪要的主要内容包括会议时间及地点，会议主持人，与会人员姓名、单位、职务，会议主要内容及议决事项，各项工作落实的单位、负责人和时限要求，其他需要记录的事项。监理会议可分为第一次工地会议、监理例会和专题会议等。

1. 第一次工地会议

第一次工地会议是指在建筑工程开工前，由建设单位主持召开，建设单位、监理单位和施工单位对各自人员及分工、开工准备等情况进行沟通和协调的会议。

2. 监理例会

在施工过程中，项目监理机构应定期召开监理例会，组织有关单位研究解决与监理相关的问题。监理例会由总监理工程师组织，专业监理工程师、建设单位现场管理人员、施工单位项目经理及技术负责人等参加。

3. 专题会议

为解决施工过程中的工程专项问题，项目监理机构可根据需要主持召开专题会议。

（五）监理工作日志

监理工作日志是指项目监理机构每日对建筑工程监理工作及施工进展情况所做的记录，是监理单位完整的工程跟踪资料，也是监理人员素质和技术水平的体现。监理工作日志应使用统一格式，从工程开工之日起至工程竣工之日止，由总监理工程师指定专业监理工程师负责、监理员参与，逐日连续记录，并由总监理工程师签字。

监理工作日志的主要内容包括天气和施工环境情况、当日施工进展情况、当日监理工作情况（包括旁站、巡视、见证取样、平行检验等情况）、当日存在的问题及处理情况等。

监理工作日志应以单位工程为记录对象。监理工作日志必须及时记录、整理，做到记录内容齐全、准确、详细，真实反映当天的工程具体情况。监理工作日志不得补记，不得隔页或扯页，应保持原始记录。

（六）监理工作总结

监理工作总结是指监理单位对履行监理合同情况和监理工作的综合性总结。监理工作总结应在工程竣工验收合格、监理工作结束后，由总监理工程师组织，项目监理机构全体人员编制，并经总监理工程师审核、签字，加盖监理单位公章后，报送建设单位。

监理工作总结的主要内容包括建筑工程概况、项目监理机构、建筑工程监理合同履行情况、监理工作成效、监理工作中发现的问题及其处理情况、说明和建议等。

监理工作总结应客观、公正、真实地反映工程监理的全过程，并对监理效果进行综合描述和正确评价。

（七）工作联系单

工作联系单是指项目监理机构针对施工过程中出现的问题，需要各方相互协调解决时，由项目监理机构发给相关单位的文件，如告知、督促、建议等文件。工作联系单由项目监理机构填写，主要针对建筑工程的一般问题，起到告知的作用，可要求相关单位回复或不回复。当不需要回复时，应有签收记录，并应注明收件人的姓名、单位和收件日期。工作联系单应一式三份，建设单位、施工单位和项目监理机构各保存一份。

工作联系单中应写明联系的事由、内容，并应由项目监理机构盖章、负责人签字。工作联系单可采用表 3-5 的格式。

表 3-5 工作联系单

工程名称：××工程　　　　　　　　　　　　　　　　　　　编号：00-00-B1-×××

致：××建筑工程有限公司 事由：关于贵公司资质及项目组织机构报审事宜。 内容：请××建筑工程有限公司于 20××年××月××日前将贵公司资质副本复印件、××工程项目组织机构人员名单及人员岗位证书报送我公司现场项目监理机构。 发文单位（盖章）：××监理有限公司 负责人（签字）：××× 20××年××月××日

（八）监理工程师通知

监理工程师通知是指项目监理机构针对施工单位出现的质量、安全、进度等问题而签发的要求施工单位整改的指令性文件。监理工程师通知应由项目监理机构填写，并由总监理工程师或专业监理工程师签发。

监理工程师通知中应写明事由、内容，必要时应附工程问题隐患部位的照片或其他影像资料。监理工程师通知可采用表 3-6 的格式。

表 3-6 监理工程师通知

工程名称：××工程　　　　　　　　　　　　　　　　　　　编号：01-06-B1-×××

致：××建筑工程有限公司（施工项目经理部） 事由：关于钢筋原材料送检结果不合格的通知。 内容：贵公司施工的××工程的地基与基础钢筋原材料送检结果不合格，应整批进行更换。请将该批钢筋原材料清理出场，并出具该批钢筋原材料处理去向的证明文件。 附件：钢筋原材料送检结果文件。 项目监理机构（盖章）：××监理有限公司 总/专业监理工程师（签字）：××× 20××年××月××日

特别提示

施工单位对项目监理机构签发的监理工程师通知有异议时，应在收到监理工程师通知后 24 h 内向项目监理机构提出修改申请，要求总监理工程师予以确认，在未得到总监理工程师的修改意见之前，施工单位应按照监理工程师通知执行相应的任务。

（九）监理工程师通知回复单

监理工程师通知回复单是指在项目监理机构发出监理工程师通知且施工单位按照监理工程师通知进行整改后，向项目监理机构报请复查的回复表。监理工程师通知回复单由施工单位填写，经施工项目经理部盖章和项目经理签字后，报送项目监理机构。

施工单位在监理工程师通知回复单中应针对监理工程师通知中的问题，提出整改处理方法，并简要说明处理结果、达到的标准，必要时附有关证明资料。项目监理机构在收到施工单位的监理工程师通知回复单后，应及时对整改情况和附件资料进行复查，并提出复查意见。监理工程师通知回复单可采用表 3-7 的格式。

表 3-7　监理工程师通知回复单

工程名称：××工程　　　　编号：01-06-B1-×××

致：××监理有限公司（项目监理机构） 我方接到编号为01-06-B1-×××的监理工程师通知后，已按要求完成相关工作，请予以复查。 附件：需要说明的情况 1．新一批钢筋原材料送检结果文件。 2．原钢筋原材料处理去向证明文件。 3．主要人员、材料、设备进场说明。 施工项目经理部（盖章）：××建筑工程有限公司 项目经理（签字）：××× 20××年××月××日
复查意见： 1．经检查，××建筑工程有限公司已按要求将原钢筋原材料清理出场。 2．新一批钢筋原材料送检结果合格，质量隐患消除。 项目监理机构（盖章）：××监理有限公司 总/专业监理工程师（签字）：××× 20××年××月××日

二、进度控制资料（B2）

进度控制资料的类别、名称、来源和保存单位如表 3-8 所示。

表 3-8　进度控制资料的类别、名称、来源和保存单位

类别	名称	来源	保存单位				
			建设单位	设计单位	施工单位	监理单位	城建档案管理机构
1	工程开工报审表	施工单位	▲		▲	▲	▲
2	施工进度计划报审表	施工单位	▲		△	△	

（一）工程开工报审表

工程开工报审表是施工单位在工程开工前，向建设单位和项目监理机构申请工程开工的文件。工程开工报审表由施工单位填写。施工单位在向建设单位和项目监理机构报送工程开工报审表及相关资料前，应具备以下条件。

（1）设计交底和图纸会审已完成。

（2）施工组织设计已由总监理工程师签字。

（3）施工单位现场质量、安全生产管理体系已建立，管理及施工人员已到位，施工机械具备使用条件，主要工程材料已落实。

（4）进场道路、水、电、通信等已满足开工要求。

特别提示

若整个工程一次开工，则只填报一次工程开工报审表；若工程中含有多个单位工程且开工时间不同，则每个单位工程开工前，都应填报工程开工报审表。

总监理工程师应组织专业监理工程师审查施工单位报送的工程开工报审表及相关资料。如果施工单位具备开工条件，那么总监理工程师应在工程开工报审表上签署审核意见，并报建设单位审批。如果施工单位不具备开工条件，那么总监理工程师应对不满足要求的事项进行描述，以便施工单位继续完善。工程开工报审表应一式四份，建设单位、施工单位、项目监理机构和城建档案管理机构各保存一份。工程开工报审表可采用表 3-9 的格式。

表 3-9　工程开工报审表

工程名称：××工程　　　　编号：00-00-B2-×××

致：××市开发公司（建设单位） ××监理有限公司（项目监理机构） 我方承担的××工程已完成相关准备工作，具备开工条件，申请于 20××年××月××日开工，请予以审批。 附件：证明文件资料 1．建设工程施工许可证。 2．工程测量放线。 3．主要人员、材料、设备进场说明。 4．施工现场道路、水、电、通信等已满足开工要求。 施工单位（盖章）：××建筑工程有限公司 项目经理（签字）：××× 20××年××月××日

（续表）

<table>
<tr><td>审核意见：
资料齐全、有效，符合开工条件，同意开工。
项目监理机构（盖章）：××监理有限公司
总监理工程师（签字、加盖执业印章）：×××
20××年××月××日</td></tr>
<tr><td>审批意见：
同意开工。
建设单位（盖章）：××市开发公司
建设单位代表（签字）：×××
20××年××月××日</td></tr>
</table>

（二）施工进度计划报审表

施工进度计划报审表是由施工单位根据已获批准的施工总进度计划，结合建筑工程实际情况和施工合同的具体要求，编制并提交给项目监理机构的一份书面申请文件。施工进度计划报审表由施工单位填写，并提交给专业监理工程师进行审查。在专业监理工程师提出审查意见后，由总监理工程师审核、签字，报建设单位。施工进度计划审查应包括下列基本内容。

（1）施工进度计划应符合施工合同中工期的约定。

（2）施工进度计划中主要工程项目无遗漏，应满足分批投入试运、分批动用的需要，阶段性施工进度计划应满足总进度控制目标的要求。

（3）施工顺序的安排应符合施工工艺要求。

（4）施工人员、工程材料、施工机械等资源供应计划应满足施工进度计划的需要。

（5）施工进度计划应符合建设单位提供的资金、施工图纸、施工场地、物资等施工条件。

施工进度计划报审表应一式三份，建设单位、施工单位和项目监理机构各保存一份。施工进度计划报审表可采用表 3-10 的格式。

表 3-10　施工进度计划报审表

工程名称：××工程　　　　编号：00-00-B2-×××

<table>
<tr><td>致：××监理有限公司（项目监理机构）
根据施工合同约定，我方已完成××工程施工进度计划的编制和批准，请予以审查。
附件：□施工总进度计划
☑阶段性进度计划
施工项目经理部（盖章）：××建筑工程有限公司
项目经理（签字）：×××
20××年××月××日</td></tr>
</table>

（续表）

审查意见： 经审查，施工进度计划符合要求，请总监理工程师审核。 专业监理工程师（签字）：××× 20××年××月××日
审核意见： 同意申报。 项目监理机构（盖章）：××监理有限公司 总监理工程师（签字）：××× 20××年××月××日

三、质量控制资料（B3）

质量控制资料的类别、名称、来源和保存单位如表3-11所示。

表3-11　质量控制资料的类别、名称、来源和保存单位

类别	名称	来源	保存单位				
			建设单位	设计单位	施工单位	监理单位	城建档案管理机构
1	质量事故报告及处理资料	施工单位	▲		▲	▲	▲
2	旁站监理记录	监理单位	△		△	▲	
3	见证取样和送检人员备案表	监理单位或建设单位	▲		▲	▲	
4	见证记录	监理单位	▲		▲	▲	
5	工程技术文件报审表	施工单位	△		△	△	

（一）质量事故报告及处理资料

当施工过程中发生质量事故时，施工单位应及时向项目监理机构报告。对需要返工处理或加固补强的质量事故，施工单位应按规定向项目监理机构报送质量事故报告和经设计单位等相关单位认可的处理方案，项目监理机构应对质量事故的处理过程和处理结果进行跟踪检查和验收。同时，项目监理机构应及时向建设单位和本监理单位提交有关质量事故的书面报告，并应将完整的质量事故处理记录整理归档。

质量事故报告由施工单位填写，主要内容包括质量事故发生的时间、地点、工程名称、参建单位，质量事故发生的简要经过、造成工程损失状况、伤亡人数和直接经济损失的初步估计，质量事故发生原因的初步判断，质量事故发生后采取的措施和处理方案，质量事故处理的过程和结果等。

（二）旁站监理记录

旁站监理工作

旁站是指项目监理机构对工程的关键部位或关键工序的施工质量进行的监督活动。旁站监理记录是指监理人员进行旁站监理过程中所见证的有关情况的记录。项目监理机构应根据工程特点和施工单位报送的施工组织设计，确定旁站的关键部位、关键工序，安排监理人员进行旁站，并应及时记录旁站情况。

旁站监理记录应详细记录旁站的关键部位、关键工序施工情况，发现的问题及处理情况等。旁站监理记录应在下道工序施工前完成，并由旁站监理人员签字。总监理工程师应对旁站监理记录进行抽查，并在发现问题时，及时与旁站监理人员进行沟通。旁站监理记录可采用表 3-12 的格式。

表 3-12　旁站监理记录

工程名称：××工程　　　　编号：01-06-B3-×××

<table>
<tr><td>旁站的关键部位、关键工序</td><td>混凝土基础浇筑</td><td>施工单位</td><td>××建筑工程有限公司</td></tr>
<tr><td>旁站开始时间</td><td>20××年××月××日××时××分</td><td>旁站结束时间</td><td>20××年××月××日××时××分</td></tr>
<tr><td colspan="4">旁站的关键部位、关键工序施工情况：
施工采用商品混凝土，混凝土供应单位为××混凝土有限公司。本次浇筑混凝土数量共计 600 m³，混凝土强度等级为 C40。
拟浇筑混凝土部位的钢筋工程、模板工程、水电预留预埋已验收合格。
检查施工单位人员到岗情况：现场有施工员 2 名、质检员 2 名、试验员 2 名、班组长 2 名、施工作业人员 24 名。
检查施工机械设备及机具情况：混凝土振捣棒 6 根、混凝土布料机 1 台，均运转正常。
现场检查了进场混凝土浇筑申请、预拌混凝土运输单，资料齐全，符合设计施工图纸、规范和开盘鉴定的配合比要求。
现场共留置混凝土试块 7 组，其中 6 组标养试块、1 组同条件试块，均已标记编号。
施工方法和浇筑顺序与经审批的施工方案一致，施工情况正常。</td></tr>
<tr><td colspan="4">发现的问题及处理情况：
混凝土浇筑过程中商品混凝土供应不及时，局部混凝土出现初凝。现场搅拌同强度等级的砂浆浇在初凝接槎处。
旁站监理人员（签字）：×××
20××年××月××日</td></tr>
</table>

特别提示

旁站监理记录是监理工程师依法行使有关签字权的重要依据。对需要旁站监理的关键部位、关键工序进行施工时，凡没有实施旁站监理或者没有旁站监理记录的，监理工程师不得在相应文件上签字。在工程竣工验收后，监理单位应将旁站监理记录存档备查。

（三）见证取样和送检人员备案表

见证取样和送检是指项目监理机构对施工单位进行的涉及结构安全的试块、试件及工程材料现场取样、封样和送检工作的监督活动。在单位工程施工前，项目监理机构应根据施工单位报送的施工试验计划编制见证取样和送检计划。见证取样和送检人员备案表是项目监理机构明确见证人员，并告知质量监督站、检测单位、建设单位和施工单位的书面文件。

项目监理机构填写的见证取样和送检人员备案表应一式五份，质量监督站、检测单位、建设单位、施工单位和项目监理机构各保存一份。见证取样和送检人员备案表可采用表3-13的格式。

表3-13　见证取样和送检人员备案表

工程名称：××工程　　　　编号：00-00-B3-×××

<table>
<tr><td>质量监督站</td><td>××市建筑工程质量监督站</td><td>日期</td><td>20××年××月××日</td></tr>
<tr><td>检测单位</td><td colspan="3">××市××建筑工程材料检测中心</td></tr>
<tr><td>施工总承包单位</td><td colspan="3">××建筑工程有限公司</td></tr>
<tr><td>专业承包单位</td><td colspan="3"></td></tr>
<tr><td rowspan="5">见证人员签字</td><td>×××</td><td rowspan="5">见证取样
和送检印章</td><td rowspan="5">××监理有限公司
见证取样和送检印章</td></tr>
<tr><td>×××</td></tr>
<tr><td>×××</td></tr>
<tr><td>×××</td></tr>
<tr><td>×××</td></tr>
<tr><td colspan="2">建设单位（盖章）：××市开发公司</td><td colspan="2">项目监理机构（盖章）：××监理有限公司</td></tr>
</table>

（四）见证记录

见证人员应按见证取样和送检计划，对施工现场的取样和送检进行见证。取样人员应在试样或其包装上进行标识和封志。标识和封志应标明工程名称、取样部位、取样日期、样品名称和样品数量，并由见证人员和取样人员签字。见证记录应由项目监理机构填写，并应归入工程档案。

见证记录在建筑工程质量控制管理中占有十分重要的位置。对关键部位、关键工序进行施工时，若监理人员和施工单位现场质检人员未在见证记录上签字，则不能进行下一道工序的施工。见证记录应一式三份，建设单位、施工单位和项目监理机构各保存一份。见证记录可采用表3-14的格式。

表 3-14　见证记录

工程名称：××工程　　　　编号：01-06-B3-×××

样品名称	钢筋原材料	试件编号	GJ003	取样数量	7
取样部位/地点	施工现场		取样日期	20××年××月××日	
见证取样说明	见证取样取自施工现场的钢筋原材料，在试块上已做出标识，注明取样部位和取样日期。				
见证取样和送检印章	××监理有限公司 见证取样和送检印章				
签字栏	取样人员		见证人员		
	×××		×××		

（五）工程技术文件报审表

工程技术文件报审表是施工单位在工程开工前为获得项目监理机构对工程技术文件的审查与批准而提交的一种正式文件。其中，工程技术文件包括施工组织设计、施工方案、质量问题处理方案等。

工程技术文件报审表应由施工单位填写，并由总监理工程师组织专业监理工程审查，填写审查意见，由总监理工程师签署审批意见。工程技术文件报审表应一式三份，建设单位、施工单位和项目监理机构各保存一份。工程技术文件报审表可采用表 3-15 的格式。

表 3-15　工程技术文件报审表

工程名称：××工程　　　　编号：00-00-B3-×××

致：××监理有限公司（项目监理机构） 我方已编制完成了××工程施工组织设计技术文件，并经相关技术负责人审查与批准，请予以审查。 附：技术文件 240 页 1 册 施工项目经理部（盖章）：××建筑工程有限公司 项目经理/负责人（签字）：××× 20××年××月××日
审查意见： 经审查，该施工组织设计编制程序符合规定，施工进度、施工方案及工程质量保证措施符合施工合同要求，资金、劳动力、材料、设备等资源供应计划满足工程施工需要，安全技术措施符合工程强制性标准，施工总平面布置合理。同意按此施工组织设计组织本工程施工。 专业监理工程师（签字）：××× 20××年××月××日
审批意见： 同意。 项目监理机构（盖章）：××监理有限公司 总监理工程师（签字）：××× 20××年××月××日

四、造价控制资料（B4）

造价控制资料的类别、名称、来源和保存单位如表 3-16 所示。

表 3-16 造价控制资料的类别、名称、来源和保存单位

类别	名称	来源	保存单位				
			建设单位	设计单位	施工单位	监理单位	城建档案管理机构
1	工程款支付报审表	施工单位	▲		△	△	
2	工程款支付证书	监理单位	▲		△	△	
3	工程变更费用报审表	施工单位	▲		△	△	
4	费用索赔申请表	施工单位	▲		△	△	
5	费用索赔审批表	监理单位	▲		△	△	

下面主要介绍工程款支付报审表和工程款支付证书等常用的造价控制资料。如需要获取其他造价控制资料，请扫描右侧的二维码。

其他造价控制资料

（一）工程款支付报审表

工程款支付报审表是施工单位根据施工合同中有关工程款支付约定的条款，向项目监理机构申请支付工程款的文件。工程款支付报审表应由施工单位填写，项目监理机构审查和审核，建设单位审批。工程款支付报审表应一式三份，建设单位、施工单位和项目监理机构各保存一份。工程款支付报审表可采用表 3-17 的格式。

表 3-17 工程款支付报审表

工程名称：××工程　　　　编号：00-00-B4-×××

致：××监理有限公司（项目监理机构） 根据施工合同约定，我方已完成基础结构工程施工工作，建设单位应在 20××年××月××日前支付工程款共计（大写）叁佰肆拾陆万元整（小写：3 460 000.00），请予以审核。 附件： ☑已完成工程量报表 ☑工程竣工结算证明材料 ☑相应支持性证明文件 施工项目经理部（盖章）：××建筑工程有限公司 项目经理（签字）：××× 20××年××月××日

（续表）

<table>
<tr><td>审查意见：
1. 施工单位应得款为3 460 000.00元。
2. 本期应扣款为0.00元。
3. 本期应付款为3 460 000.00元。
附件：相应支持性材料。
专业监理工程师（签字）：×××
20××年××月××日</td></tr>
<tr><td>审核意见：
同意专业监理工程师的审查意见。
项目监理机构（盖章）：××监理有限公司
总监理工程师（签字、加盖执业印章）：×××
20××年××月××日</td></tr>
<tr><td>审批意见：
同意项目监理机构的审核意见。
建设单位（盖章）：××市开发公司
建设单位代表（签字）：×××
20××年××月××日</td></tr>
</table>

（二）工程款支付证书

工程款支付证书是指项目监理机构依据经建设单位批准同意的工程款支付报审表向施工单位签发的工程款支付证明文件。工程款支付证书应由项目监理机构填写，并由总监理工程师签发。工程款支付证书应一式三份，建设单位、施工单位和项目监理机构各保存一份。工程款支付证书可采用表3-18的格式。

表3-18　工程款支付证书

工程名称：××工程　　　　编号：00-00-B4-×××

<table>
<tr><td>致：××建筑工程有限公司（施工单位）
根据施工合同约定，经审核编号为00-00-B4-×××的工程款支付报审表，扣除有关款项后，同意支付工程款共计（大写）叁佰肆拾陆万元整（小写：3 460 000.00元）。
其中：
1. 施工单位申报款为3 460 000.00元。
2. 经审核施工单位应得款为3 460 000.00元。
3. 本期应扣款为0.00元。
4. 本期应付款为3 460 000.00元。
附件：
1. 施工单位的工程款支付报审表及附件。
2. 项目监理机构审查记录。
项目监理机构（盖章）：××监理有限公司
总监理工程师（签字、加盖执业印章）：×××
20××年××月××日</td></tr>
</table>

五、工期管理资料（B5）

工期管理资料的类别、名称、来源和保存单位如表 3-19 所示。

表 3-19 工期管理资料的类别、名称、来源和保存单位

类别	名称	来源	保存单位				
			建设单位	设计单位	施工单位	监理单位	城建档案管理机构
1	工程延期申请表	施工单位	▲		▲	▲	▲
2	工程延期审批表	监理单位	▲			▲	▲

工程延期申请表是施工单位申请工程延期所用的表格，由施工单位填写。工程延期审批表主要用于项目监理机构对施工单位提出的工程延期申请的审批，由项目监理机构填写。

根据 GB/T 50319—2013《建设工程监理规范》规定，当施工单位提出的工程延期要求符合施工合同约定时，项目监理机构应予以受理。当影响工期事件具有持续性时，项目监理机构应对施工单位提交的阶段性工程临时延期报审表进行审查，并应签署工程临时延期审核意见后报建设单位。当影响工期事件结束后，项目监理机构应对施工单位提交的工程最终延期报审表进行审查，并应签署工程最终延期审核意见后报建设单位。

项目监理机构在批准工程临时/最终延期前，应与建设单位、施工单位协商。施工单位填报、项目监理机构审核、建设单位审批的工程临时/最终延期报审表应一式四份，建设单位、施工单位、项目监理机构和城建档案管理机构各保存一份。工程临时/最终延期报审表可采用表 3-20 的格式。

表 3-20 工程临时/最终延期报审表

工程名称：××工程　　　　编号：00-00-B5-×××

致：××监理有限公司（项目监理机构） 根据施工合同××（条款），由于图纸设计变更没有及时提供造成工程延期 3 天的原因，我方申请工程临时/最终延期 3 日历天，请予批准。 附件： 1．工程延期依据及工期计算。 （1）图纸设计变更通知单和施工图纸。 （2）变更项目在关键线路上。 合同竣工日期：20××年××月××日。 申请竣工日期：20××年××月××日。 2．证明材料（略）。 施工项目经理部（盖章）：××建筑工程有限公司 项目经理（签字）：××× 20××年××月××日

（续表）

审核意见： ☑同意工程临时/最终延期 3 日历天。工程竣工日期从施工合同约定的 20××年××月××日延迟到 20××年××月××日。 □不同意延期，请按约定竣工日期组织施工。 项目监理机构（盖章）：××监理有限公司 总监理工程师（签字、加盖执业印章）：××× 20××年××月××日
审批意见： 同意项目监理机构的延期审核意见。 建设单位（盖章）：××市开发公司 建设单位代表（签字）：××× 20××年××月××日

六、监理验收资料（B6）

监理验收资料的类别、名称、来源和保存单位如表 3-21 所示。

表 3-21　监理验收资料的类别、名称、来源和保存单位

类别	名称	来源	保存单位				
			建设单位	设计单位	施工单位	监理单位	城建档案管理机构
1	竣工移交证书	监理单位	▲		▲	▲	▲
2	监理资料移交书	监理单位	▲			▲	

（一）竣工移交证书

竣工移交证书是指在建筑工程竣工验收合格后，施工单位将建筑工程移交建设单位管理的证明文件。竣工移交证书通常由监理单位编制，由总监理工程师和建设单位代表共同签发，并加盖监理单位和建设单位公章。竣工移交证书应一式四份，建设单位、施工单位、监理单位、城建档案管理机构各保存一份。竣工移交证书可采用表 3-22 的格式。

表 3-22　竣工移交证书

工程名称：××工程　　　　　　　　　　　　　　　　　　　　　　编号：00-00-B6-×××

<table>
<tr><td>
致：××市开发公司（建设单位）
兹证明施工单位××建筑工程有限公司施工的××工程已按建筑工程施工合同的要求完成，并验收合格，即日起该工程移交建设单位管理，并进入保修期。
附件：
1．单位工程竣工质量验收记录。
2．工程竣工验收记录。
总监理工程师（签字）：×××　监理单位（盖章）：××监理有限公司　20××年××月××日
建设单位代表（签字）：×××　建设单位（盖章）：××市开发公司　20××年××月××日
</td></tr>
</table>

（二）监理资料移交书

监理资料移交书是指在工程完工后，监理单位将监理资料移交建设单位管理的证明文件。监理资料移交书由监理单位填写，应一式两份，建设单位、监理单位各保存一份。

监理资料的移交应符合以下条件。

（1）工程完工，并具备竣工验收条件。

（2）除配合竣工结算审核、审计外，监理项目工作结束，无监理自身遗留问题。

（3）移交资料内容完整、真实，整理规范，符合相关要求。

监理资料移交书可采用表 3-23 的格式。

表 3-23　监理资料移交书

工程名称：××工程　　　　　　　　　　　　　　　　　　　　　　编号：00-00-B6-×××

<table>
<tr><td>移交单位</td><td>××监理有限公司</td><td>建设单位</td><td>××市开发公司</td></tr>
<tr><td colspan="4">移交单位向接收单位移交建筑工程监理资料共计 36 册，其中包括文字资料 32 册，图样资料 3 册，其他资料 1 册。
附件：移交明细表。</td></tr>
<tr><td colspan="2">移交单位（盖章）：××监理有限公司</td><td colspan="2">接收单位（盖章）：××市开发公司</td></tr>
<tr><td colspan="2">项目负责人（签字）：×××</td><td colspan="2">部门负责人（签字）：×××</td></tr>
<tr><td colspan="2">移交人（签字）：×××
联系电话：××××</td><td colspan="2">接收人（签字）：×××
联系电话：××××</td></tr>
<tr><td colspan="2">移交时间：20××年××月××日</td><td colspan="2">接收时间：20××年××月××日</td></tr>
</table>

砥节砺行

在监理工作中，监理人员扮演着至关重要的角色，他们的存在和付出为建筑工程建设筑起了一道坚固的防线。他们不仅是建筑工程质量的守护者，以严谨的态度和专业的技能确保每一个建筑工程都符合高标准、实现高质量，同时也是社会责任的担当者，以庄重的承诺守护着人民群众的生命财产安全。

在履行职责的过程中，监理人员应当坚守客观公正、诚实守信的原则，以事实为依据，以行业规范为准绳，不受任何外界因素的干扰，确保每一项监理决策都公正无私、准确无误。这种坚守不仅是对职业的尊重，更是对社会的负责。

项目实施——分析监理资料管理流程中的问题

1. 实施背景

某工程，建设单位委托某监理单位承担施工阶段的监理任务，并通过公开招标选定甲施工单位作为施工承包单位。工程实施中发生了下列事件。

事件 1：开工前，专业监理工程师自行编制并审批了监理实施细则。

事件 2：在幕墙施工过程中，项目监理机构发现甲施工单位未按照幕墙专项施工方案组织施工。

事件 3：某关键工序施工时，项目监理机构未安排旁站监理人员进行旁站，没有编制旁站监理记录。

事件 4：工程完工后，建设单位安排项目监理机构组织竣工验收并向城建档案管理机构移交资料。

2. 实施步骤

（1）根据实施背景，学生以小组为单位组织讨论以下问题。

① 事件 1 中，专业监理工程师的做法是否妥当？说明理由。

② 事件 2 中，项目监理机构应如何处理？

③ 事件 3 中，项目监理机构的做法将会对工程监理产生哪些潜在影响？

④ 事件 4 中，有哪些不妥之处？请说出正确做法。

（2）各小组选派代表对上述问题进行回答。

（3）指导教师对各组的回答进行点评。

问题分析提示

① 事件 1 中，专业监理工程师的做法不妥当。因为监理实施细则应由专业监理工程师编制，总监理工程师审批，而不是由专业监理工程师自行编制并审批。监理实施细则

需要得到总监理工程师的批准，以确保其符合监理规划和建筑工程实际情况。

② 事件 2 中，项目监理机构应采取以下处理措施。

a. 项目监理机构应要求甲施工单位立即停止施工，并下达监理工程师通知要求甲施工单位进行整改。

b. 项目监理机构应要求甲施工单位报送幕墙整改措施和方案，并对其整改情况进行跟踪检查和验收。同时，项目监理机构应向建设单位报告此情况，并保留好相关证据，以备后续处理。

c. 如果甲施工单位拒不整改或整改后仍不符合要求，项目监理机构应及时向建设单位报告，并建议建设单位采取进一步措施。

③ 事件 3 中，项目监理机构未安排旁站监理人员进行旁站，没有编制旁站监理记录，将会对工程监理产生以下潜在影响。

a. 没有对该关键工序的施工过程进行有效监督，无法及时发现和纠正施工中可能存在的问题。这将对工程监理的质量控制和风险管理产生负面影响，可能增加工程出现质量问题或安全事故的风险。

b. 如果发生施工质量问题或安全事故，将无法提供有效的监理记录和证据，影响项目监理机构的责任认定和纠纷解决。

c. 可能影响建设单位对监理单位的信任度，对监理单位的声誉和业务发展产生不利影响。

④ 事件 4 中，存在以下不妥之处。

a. 建设单位安排项目监理机构组织竣工验收是不妥的。竣工验收应由建设单位负责，项目监理机构应协助建设单位进行验收。

b. 建设单位安排项目监理机构向城建档案管理机构移交资料也是不妥的。工程档案应由建设单位按照相关规定向城建档案管理机构移交。

正确的做法如下。

a. 建设单位负责组织竣工验收，并通知设计、施工、监理等单位参加。

b. 施工单位负责编制工程档案，并在竣工验收合格后移交给建设单位。

c. 建设单位按照相关规定向城建档案管理机构移交工程档案。

项目综合考核

1. 填空题

（1）监理规划按规定由______________组织编制。

（2）监理实施细则应在相应建筑工程施工开始前由______________编制，并报______________审批。

（3）监理月报应由______________组织编制，签字后需要报本监理单位和建设单位。

（4）监理会议可分为第一次工地会议、__________和__________等。

（5）监理工作总结需要______________和______________两个单位保存。

（6）______________主要针对建筑工程的一般问题起到告知的作用，可要求相关单位回复或不回复。

（7）监理工程师通知应由项目监理机构填写，并由__________或专业监理工程师签发。

（8）______________应对旁站监理记录进行抽查，并在发现问题时，及时与旁站监理人员进行沟通。

（9）______________是指项目监理机构依据经建设单位批准同意的工程款支付报审表向施工单位签发的工程款支付证明文件。

（10）工程延期审批表应由______________填写。

2. 选择题

（1）监理规划是（　　）确认监理单位是否全面、认真履行监理合同的主要依据。

A. 设计单位　　B. 建设单位

C. 施工单位　　D. 监理单位

（2）第一次工地会议由（　　）主持召开。

A. 施工单位　　B. 监理单位

C. 建设单位　　D. 设计单位

（3）项目监理机构在实施监理过程中，发现工程存在安全事故隐患时，应签发（　　），要求施工单位整改。

A. 监理工程师通知　　B. 工作联系单

C. 工程暂停令　　D. 监理实施细则

（4）质量事故报告由（　　）填写。

A. 设计单位　　B. 建设单位

C. 施工单位　　D. 监理单位

（5）旁站监理记录是指（　　）进行旁站监理过程中所见证的有关情况的记录。

A．施工人员　　B．监理人员

C．设计人员　　D．建设单位工作人员

（6）竣工移交证书通常由（　　）编制。

A．设计单位　　B．建设单位

C．施工单位　　D．监理单位

3．简答题

（1）简述监理规划的主要内容。

（2）简述监理实施细则的主要内容。

（3）施工单位在向建设单位和项目监理机构报送工程开工报审表及相关资料前，应具备哪些条件？

（4）简述施工进度计划审查的基本内容。

（5）监理资料的移交应符合哪些条件？

4．案例分析题

某监理单位承担了某工程施工阶段的监理任务，该工程由甲施工单位承包。工程实施中发生了下列事件。

事件1：专业监理工程师在巡视时发现，甲施工单位在施工中采用的施工工艺与施工组织设计方案不一致。他立即向甲施工单位下达了监理工程师通知。

事件2：在工程进行到某一关键节点时，项目监理机构发现甲施工单位提交的某分部工程验收资料存在严重缺失和错误。

问题：

（1）事件1中，专业监理工程师是否有权签发本次监理工程师通知？为什么？

（2）事件2中，项目监理机构应如何处理？

笔记

项目综合评价

指导教师根据学生对本项目的实际学习成果进行评价，学生配合指导教师完成如表 3-24 所示的学习成果评价表。

表 3-24　学习成果评价表

班级		组号		日期	
姓名		学号		指导教师	
项目名称	管理监理资料				
项目评价	评价内容			满分/分	评分/分
知识（40%）	监理管理资料			7	
	进度控制资料			7	
	质量控制资料			7	
	造价控制资料			7	
	工期管理资料			5	
	监理验收资料			7	
技能（40%）	能够收集和整理监理资料			10	
	能够编制监理资料			10	
	能够针对监理资料管理中出现的问题进行原因分析，并提出有效的解决方案			10	
	能够与相关人员进行有效沟通，解决资料管理中出现的问题			10	
素质（20%）	积极参加教学活动，主动学习、思考、讨论			5	
	逻辑清晰，准确理解和分析问题			5	
	认真负责，按时完成学习、实践任务			5	
	团结协作，与组员之间密切配合			5	
合计				100	
自我评价					
指导教师评价					

项目四

管理施工资料

项目导读

施工资料应详细记录施工过程中的技术细节、质量控制措施、安全管理规范及材料使用情况等信息，为建筑工程的质量控制、进度管理、成本核算及后期维护提供重要依据，从而确保建筑工程建设的可追溯性和合规性。有效的施工资料管理，不仅能够及时反映建筑工程的实际情况，为建筑工程管理者提供决策支持，还能够在遇到问题时迅速追溯原因，及时采取补救措施。

本项目主要介绍施工管理资料、施工技术资料、进度造价资料、施工物资资料、施工记录资料、施工试验记录及检测资料、施工质量验收资料和施工验收资料的基本管理要求。

项目要求

知识目标

（1）掌握施工管理资料的基本管理要求。

（2）掌握施工技术资料和进度造价资料的基本管理要求。

（3）掌握施工物资资料和施工记录资料的基本管理要求。

（4）掌握施工试验记录及检测资料的基本管理要求。

（5）掌握施工质量验收资料和施工验收资料的基本管理要求。

技能目标

（1）能够收集和整理施工资料。

（2）能够填写常用施工资料。

素质目标

（1）培养诚实守信的工作态度。

（2）养成遵守纪律、爱岗敬业的工作作风。

班级____________ 姓名____________ 学号____________

项目工单

1. 思维导图

思维导图（见图 4-1）清晰地呈现出了本项目的学习要点。请学生根据思维导图来预习相关知识，以便更有针对性地学习。

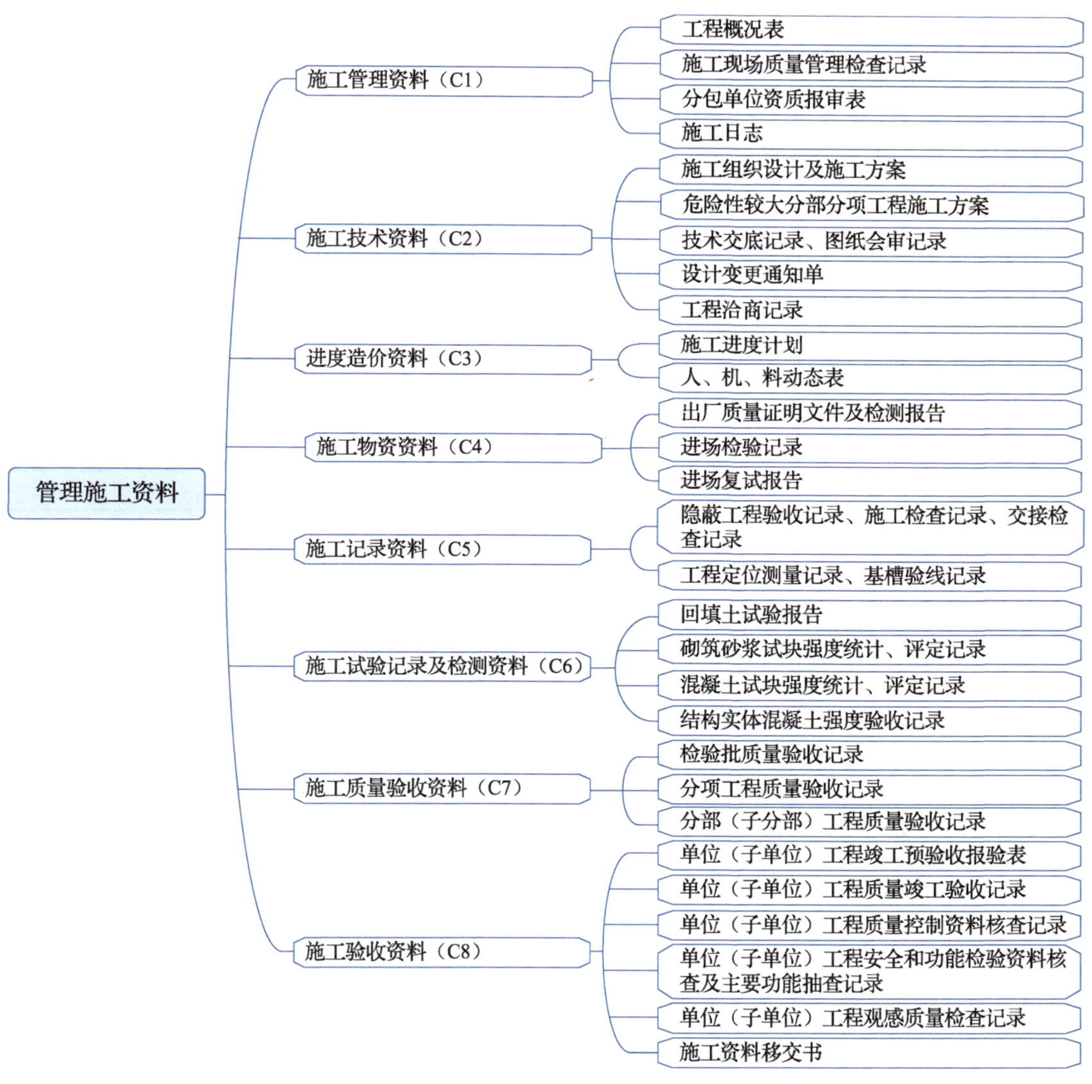

图 4-1 思维导图

2. 小组分工

以 3～5 人为一组，选出组长并进行小组分工，将小组成员及分工情况填入表 4-1 中。

班级____________ 姓名____________ 学号____________

表 4-1 小组成员及分工情况

班级		组号		指导教师	
小组成员	姓名	学号	分工		
组长					
组员					

3. 工作准备

将实施过程中所需资料的信息填入表 4-2 中。

表 4-2 实施过程中所需资料的信息

序号	资料名称	编号	备注

4. 成长记录

学习本项目后，学生可以通过实训“分析施工资料管理流程中的问题”来巩固所学的知识，也可将学习过程中遗漏的要点、遇到的问题和解决方法等记录于表 4-3 中。

表 4-3 成长记录表

（可在此处记录学习过程中遗漏的要点、遇到的问题和解决方法等。）

项目引入

李工是位严谨的资料管理员。每天，他都穿梭于钢筋水泥间，细心收集每一份施工资料：设计图纸的每一次修改，材料进场的合格证明，现场工人辛勤作业的照片记录，等等。

一次，项目突遇技术难题，需要回溯施工方案。李工迅速从堆积如山的资料中，精准找到了关键数据变更记录，为团队提供了宝贵依据。最终，问题迎刃而解，项目顺利推进。同事们纷纷赞叹，是那些看似不起眼的施工资料，在李工的精心管理下，成了项目成功的坚实后盾。

思考 施工资料包括哪些？应如何填写？

施工资料主要由施工单位负责管理，可分为施工管理资料（C1）、施工技术资料（C2）、进度造价资料（C3）、施工物资资料（C4）、施工记录资料（C5）、施工试验记录及检测资料（C6）、施工质量验收资料（C7）、施工验收资料（C8）。

一、施工管理资料（C1）

施工管理资料的类别、名称、来源和保存单位如表 4-4 所示。

表 4-4 施工管理资料的类别、名称、来源和保存单位

类别	名称	来源	保存单位				
			建设单位	设计单位	施工单位	监理单位	城建档案管理机构
1	工程概况表	施工单位	▲		▲	▲	△
2	施工现场质量管理检查记录	施工单位			△	△	
3	企业资质证书及相关专业人员岗位证书	施工单位	△		△	△	△
4	分包单位资质报审表	施工单位	▲		▲	▲	
5	建设单位质量事故勘查记录	调查单位	▲		▲	▲	▲
6	建设工程质量事故报告书	调查单位	▲		▲	▲	▲
7	施工检测计划	施工单位	△		△	△	
8	见证试验检测汇总表	施工单位	▲		▲	▲	▲
9	施工日志	施工单位			▲		

其他施工管理资料

下面主要介绍工程概况表、施工现场质量管理检查记录、分包单位资质报审表、施工日志等常用的施工管理资料。如需要获取其他施工管理资料，请扫描右侧的二维码。

（一）工程概况表

工程概况表是对工程基本情况的简要描述，主要包括一般情况、构造特征、机电系统名称等内容。此外，还可在“其他”栏填写工程独具的某些特征或需要特殊说明的内容，或填写采用的新材料、新产品、新技术、新工艺等。

工程概况表应由施工单位填写，且应与施工组织设计同步完成。工程概况表应一式四份，建设单位、施工单位、监理单位和城建档案管理机构各保存一份。工程概况表可采用表 4-5 的格式。

表 4-5　工程概况表

编号：00-00-C1-×××

<table>
<tr><td rowspan="9">一般情况</td><td>工程名称</td><td>××工程</td><td>建设单位</td><td>××市开发公司</td></tr>
<tr><td>建设用途</td><td>教育</td><td>设计单位</td><td>××勘察与设计院</td></tr>
<tr><td>建设地点</td><td>××省××市××号</td><td>监理单位</td><td>××监理有限公司</td></tr>
<tr><td>总建筑面积</td><td>4 200 m²</td><td>施工单位</td><td>××建筑工程有限公司</td></tr>
<tr><td>开工日期</td><td>20××年××月××日</td><td>竣工日期</td><td>20××年××月××日</td></tr>
<tr><td>结构类型</td><td>现浇混凝土框架</td><td>基础类型</td><td>混凝土结构</td></tr>
<tr><td>层数</td><td>6 层</td><td>建筑檐高</td><td>23.4 m</td></tr>
<tr><td>地上面积</td><td>4 200 m²</td><td>地下室面积</td><td>无</td></tr>
<tr><td>人防等级</td><td>一级</td><td>抗震等级</td><td>6～7 级</td></tr>
<tr><td rowspan="8">构造特征</td><td>地基与基础</td><td colspan="3">地基承载力为 120 kPa，基础持力层为砂质粉土、粘质粉土，混凝土基础，混凝土强度等级为 C30</td></tr>
<tr><td>柱、内外墙</td><td colspan="3">独立柱强度等级为 C30，墙体最大截面尺寸为 500 mm×500 mm，墙厚度为 360 mm</td></tr>
<tr><td>梁、板、楼盖</td><td colspan="3">现浇混凝土梁板</td></tr>
<tr><td>外墙装饰</td><td colspan="3">太阳能反热涂料</td></tr>
<tr><td>内墙装饰</td><td colspan="3">乳胶漆墙面</td></tr>
<tr><td>楼地面装饰</td><td colspan="3">楼地面为抗爆混凝土地面，部分房间为瓷砖地面</td></tr>
<tr><td>屋面构造</td><td colspan="3">挤塑板，SBS 改性沥青防水卷材，瓦块屋面</td></tr>
<tr><td>防火设备</td><td colspan="3">一级防火等级</td></tr>
<tr><td colspan="2">机电系统名称</td><td colspan="3">散热器及空调供暖系统、照明及应急系统、动力配电系统、消防报警系统、自动喷淋系统、给排水系统</td></tr>
<tr><td colspan="2">其他</td><td colspan="3">无</td></tr>
</table>

（二）施工现场质量管理检查记录

施工现场质量管理检查记录是施工单位执行质量管理体系具体要求后形成的文件，内容主要包括表头、项目、主要内容、自检结果、检查结论等。施工现场质量管理检查记录应由施工单位在开工前按规定进行填写，并由总监理工程师检查，且填写检查结论。总监理工程师填写的检查结论要明确，需要说明是符合要求还是不符合要求。

通常每个单位工程只填写一次施工现场质量管理检查记录，但当项目管理有重大变化时，施工单位应重新填写。施工现场质量管理检查记录可采用表 4-6 的格式。

表 4-6　施工现场质量管理检查记录

开工日期：20××年××月××日　　　　编号：00-00-C1-×××

<table>
<tr><td>工程名称</td><td>××工程</td><td>施工许可证号</td><td colspan="3">××××</td></tr>
<tr><td>建设单位</td><td>××市开发公司</td><td>项目负责人</td><td colspan="3">×××</td></tr>
<tr><td>设计单位</td><td>××勘察与设计院</td><td>项目负责人</td><td colspan="3">×××</td></tr>
<tr><td>监理单位</td><td>××监理有限公司</td><td>总监理工程师</td><td colspan="3">×××</td></tr>
<tr><td>施工单位</td><td>××建筑工程有限公司</td><td>项目负责人</td><td>×××</td><td>项目技术负责人</td><td>×××</td></tr>
<tr><td>序号</td><td>项目</td><td colspan="4">主要内容</td></tr>
<tr><td>1</td><td>项目部质量管理体系</td><td colspan="4">现场有健全的质量标准、组织架构、规章制度、持续改进和资源配置等保证体系</td></tr>
<tr><td>2</td><td>现场质量责任制</td><td colspan="4">岗位责任制度、设计交底制度、技术交底制度、挂牌制度等</td></tr>
<tr><td>3</td><td>主要专业工种操作岗位证书</td><td colspan="4">测量工、钢筋工、起重工、电焊工、架子工等主要专业工种操作岗位证书齐全，符合要求</td></tr>
<tr><td>4</td><td>分包单位管理制度</td><td colspan="4">对分包单位资质进行审查，满足施工要求，总包单位对分包单位制订的管理制度可行</td></tr>
<tr><td>5</td><td>图纸会审记录</td><td colspan="4">已进行图纸会审，形成图纸会审记录文件</td></tr>
<tr><td>6</td><td>地质勘察资料</td><td colspan="4">地质勘察资料齐全</td></tr>
<tr><td>7</td><td>施工技术标准</td><td colspan="4">企业自定标准 4 项，其余采用国家、行业标准</td></tr>
<tr><td>8</td><td>施工组织设计、施工方案编制及审批</td><td colspan="4">施工组织设计、施工方案的编制及审批手续齐全</td></tr>
<tr><td>9</td><td>物资采购管理制度</td><td colspan="4">按材料、设备性能要求制订了各项物资采购管理制度</td></tr>
<tr><td>10</td><td>施工设施和机械设备管理制度</td><td colspan="4">按施工设施和机械设备性能要求制订了各项管理措施、制度</td></tr>
<tr><td>11</td><td>计量设备配备</td><td colspan="4">设备准确，并由专人负责校准</td></tr>
<tr><td>12</td><td>检测试验管理制度</td><td colspan="4">检测试验管理制度齐全</td></tr>
<tr><td>13</td><td>工程质量检查验收制度</td><td colspan="4">有原材料及施工检验制度、抽测项目的检测计划、分项工程验收管理计划，验收制度合理，符合要求</td></tr>
<tr><td colspan="3">自检结果：
符合要求。
施工单位项目负责人：×××
20××年××月××日</td><td colspan="3">检查结论：
齐全有效。
总监理工程师：×××
20××年××月××日</td></tr>
</table>

（三）分包单位资质报审表

分包单位资质报审表是施工总承包单位实施分包时，提请项目监理机构对分包单位资质进行审查的批复文件。分包单位资质报审表应由施工总承包单位填写，专业监理工程师审查并提出审查意见后，由总监理工程师审核、签字。

施工总承包单位在填写分包单位资质报审表时，应明确工程名称、编号、项目监理机构及分包单位，并附上分包单位资质材料、分包单位业绩材料、中标通知书等材料，同时还应填写分包工程名称（部位）、分包工程量、分包工程合同额等内容。分包单位资质报审表应一式三份，建设单位、施工单位和项目监理机构各保存一份。分包单位资质报审表可采用表 4-7 的格式。

表 4-7　分包单位资质报审表

工程名称：××工程　　　　　　　　　　编号：00-00-C1-×××

<table>
<tr><td colspan="4">致：××监理有限公司（项目监理机构）
经考察，我方认为拟选择的××装饰装修工程公司（分包单位）具有承担下列工程的施工资质和施工能力，可以保证本工程项目按合同的约定进行施工。分包后，我方仍然承担施工单位的责任。请予以审查和批准。
附件：
1．分包单位资质材料。
2．分包单位业绩材料。
3．中标通知书。
4．分包单位专职管理人员和特种作业人员的资格证书。
5．施工单位对分包单位的管理制度。</td></tr>
<tr><td>分包工程名称（部位）</td><td>分包工程量</td><td>分包工程合同额</td><td>备注</td></tr>
<tr><td>装饰装修工程</td><td>6 000 m²</td><td>360 万元</td><td></td></tr>
<tr><td>合计</td><td>6 000 m²</td><td>360 万元</td><td></td></tr>
<tr><td colspan="4">施工项目经理部（盖章）：××建筑工程有限公司
施工单位项目负责人（签字、加盖执业印章）：×××
20××年××月××日</td></tr>
<tr><td colspan="4">审查意见：
经审查，分包单位资质材料与业绩材料齐全、真实有效，具有承担分包工程的施工资质和施工能力。
专业监理工程师（签字）：×××
20××年××月××日</td></tr>
</table>

（续表）

审核意见：
同意该分包单位进场施工，请总承包单位严格按合同和施工方案要求进行管理，确保工程质量、安全和进度。 项目监理机构（盖章）：××监理有限公司 总监理工程师（签字、加盖执业印章）：××× 20××年××月××日

特别提示

对分包单位资质审查的内容主要有：① 分包单位是否具有营业执照、资质等级证书、安全生产许可证及特殊行业施工许可证等；② 分包单位是否具有与拟分包工程类似的施工业绩；③ 拟分包工程的内容和范围是否超出分包单位资质等级证书中核定的内容和范围；④ 专职管理人员和特种作业人员资格证书和岗位证书是否合法有效。

（四）施工日志

施工日志又称为施工日记，是施工过程中施工单位对有关工程施工、技术管理、质量管理活动及其效果逐日做出的连续完整的记录。施工日志是处理施工问题的备忘录，也是编制施工资料和总结施工管理经验的重要依据。

施工日志应以单位工程为记载对象，从工程开工起至工程竣工止，并应由专人负责，逐日记载，其内容应真实、连续和完整，且不得后补。施工日志可采用表 4-8 的格式。

表 4-8 施工日志

编号：00-00-C1-×××

20××年××月××日 星期二			天气晴 气温 26℃ 风力 1～3 级 风向东		
当日工程施工部位	基础	当日工程施工内容	防水层施工	当日工程形象进度	基础
施工情况记录（部位项目、机械作业、班组工作、施工存在问题等）： 基础进行防水层施工，施工作业人员 8 人，现场机具齐全，配备 4 组灭火器；上午 7:30 开始涂刷冷底子油，局部不均匀，发现后已让班组整改；约 10:30 验收完毕，进行附加层的施工，附加层在集水坑处搭接宽度不符合要求，已整改。					
技术质量安全工作记录（技术质量安全活动、技术质量安全问题、检查评定验收等）： 1．基础底板冷底子油验收、附加层验收。 2．钢筋进场检验。					
今日材料、构配件进场、检（试）验情况记录： 钢筋进场 Φ25、Φ18 各 60 t，检验合格。					
工程负责人	×××		记录人	×××	

二、施工技术资料（C2）

施工技术资料的类别、名称、来源和保存单位如表 4-9 所示。

表 4-9　施工技术资料的类别、名称、来源和保存单位

类别	名称	来源	保存单位				
			建设单位	设计单位	施工单位	监理单位	城建档案管理机构
1	工程技术文件报审表	施工单位	△		△	△	
2	施工组织设计及施工方案	施工单位	△		△	△	△
3	危险性较大分部分项工程施工方案	施工单位	△		△	△	△
4	技术交底记录	施工单位	△		△		
5	图纸会审记录	施工单位	▲	▲	▲	▲	▲
6	设计变更通知单	设计单位	▲	▲	▲	▲	▲
7	工程洽商记录	施工单位	▲	▲	▲	▲	▲

工程技术文件报审表在项目三中已经介绍过，此处不再赘述。这里主要介绍其他施工技术资料。

（一）施工组织设计及施工方案

施工组织设计是指以施工项目为对象编制的，用以指导施工全过程的技术、经济和管理的综合性文件。施工组织设计应包括编制依据、工程概况、施工部署、施工进度计划、施工准备与资源配置计划、主要施工方法、施工现场平面布置及主要施工管理计划等基本内容。

施工方案是指以分部（分项）工程或专项工程为主要对象编制的施工技术与组织方案，用以具体指导施工过程。施工方案应包括工程概况、施工安排、施工进度计划、施工准备与资源配置计划、施工方法及工艺要求等基本内容。

施工组织设计及施工方案应由施工单位编制。施工组织设计及施工方案的编制和审批应符合下列规定。

（1）施工组织设计应由施工单位项目负责人主持编制，可根据需要分阶段编制和审批。

（2）施工组织总设计应由总承包单位技术负责人审批；单位工程施工组织设计应由施工单位技术负责人或技术负责人授权的技术人员审批，施工方案应由项目技术负责人审批；重点、难点分部（分项）工程和专项工程施工方案应由施工单位技术部门组织相关专家评审，施工单位技术负责人批准。

笔记

（3）由专业承包单位施工的分部（分项）工程或专项工程的施工方案，应由专业承包单位技术负责人或技术负责人授权的技术人员审批；有总承包单位时，应由总承包单位项目技术负责人核准备案。

（4）规模较大的分部（分项）工程和专项工程的施工方案应按单位工程施工组织设计进行编制和审批。

（二）危险性较大分部分项工程施工方案

危险性较大分部分项工程（简称为“危大工程”）是指房屋建筑和市政基础设施工程在施工过程中，容易导致人员群死群伤或者造成重大经济损失的分部分项工程。危大工程及超过一定规模的危大工程范围由国务院住房和城乡建设主管部门制定。省级住房和城乡建设主管部门可以结合本地区实际情况，补充本地区危大工程范围。施工单位应当在危大工程施工前组织工程技术人员编制专项施工方案。

危大工程实行施工总承包的，专项施工方案应当由施工总承包单位组织编制。危大工程实行分包的，专项施工方案可以由相关专业分包单位组织编制。

专项施工方案应当由施工单位技术负责人审核签字、加盖单位公章，并由总监理工程师审查签字、加盖执业印章后方可实施。危大工程实行分包并由分包单位编制专项施工方案的，专项施工方案应当由总承包单位技术负责人及分包单位技术负责人共同审核签字并加盖单位公章。

对于超过一定规模的危大工程，施工单位应当组织召开专家论证会对专项施工方案进行论证。实行施工总承包的，由施工总承包单位组织召开专家论证会。专家论证会前，专项施工方案应当通过施工单位审核和总监理工程师审查。专家论证会后，应当形成论证报告，对专项施工方案提出通过、修改后通过或者不通过的一致意见。专家对论证报告负责并签字确认。

（三）技术交底记录

技术交底是施工单位进行技术、质量管理的一项重要环节，是把设计要求、施工措施、安全生产贯彻到基层的一项管理办法。技术交底可分为施工组织设计交底、专项施工方案技术交底、分项工程施工技术交底、“四新”（新材料、新产品、新技术、新工艺）技术交底和设计变更技术交底。技术交底应符合下列规定。

（1）重点和大型工程施工组织设计交底应由施工单位技术负责人把主要设计要求、施工措施和重要事项对项目主要管理人员进行交底。其他工程施工组织设计交底应由项目技术负责人组织交底。

（2）专项施工方案技术交底应由施工单位项目专业技术负责人根据专项施工方案在专项工程开工前对专业工长进行交底。

（3）分项工程施工技术交底应由专业工长对专业施工班组进行交底。

（4）“四新”技术交底应由项目技术负责人组织交底。

（5）设计变更技术交底应由项目技术负责人根据变更要求，并结合具体施工步骤、措施及注意事项等对专业工长进行交底。

技术交底记录应一式两份，建设单位和施工单位各保存一份。技术交底记录可采用表 4-10 的格式。

表 4-10　技术交底记录

编号：01-01-C2-×××

<table>
<tr><td>工程名称</td><td>××工程</td><td>施工单位</td><td colspan="2">××建筑工程有限公司</td></tr>
<tr><td>分项工程名称</td><td>土方开挖</td><td>交底日期</td><td colspan="2">20××年××月××日</td></tr>
<tr><td colspan="5">交底内容：
1．施工时，在基坑周围 10 m 范围内，不得堆放重物。
2．土方开挖应及时将标高控制点引测到基坑坑壁上，用水准仪测量并标记，以防超挖。
3．土方开挖应经常测量和校核平面位置、水平标高和边坡坡度。
4．土方开挖应尽量避开雨期施工，做好坑底排水工作，并注意边坡稳定，加强检查，发现问题及时处理。
5．坑底出现侧向位移时，应立即停止坑边的挖土，并在围护桩外侧卸载且视情况在坑底堆土或抛石块，待稳定后，对坑底土层进行注浆等加固处理，待养护期后再继续开挖。
6．土方开挖应按踏步式逐行进行，禁止一次突发性开挖到底，以避免土体短时间大量挖除后，造成围护结构侧向应力增大过快。
7．基坑底不得超挖。挖掘机离坑底 20～30 cm 时，应人工挖土。
8．基坑上口四周应设置安全防护栏杆，下基坑处应设置人行扶梯，栏杆、扶梯应符合安全要求，并适时进行检查。</td></tr>
<tr><td colspan="2">项目专业技术负责人：×××</td><td colspan="2">交底人：×××</td><td>接受人：×××</td></tr>
</table>

（四）图纸会审记录

图纸会审记录是在开工前，设计单位对图纸中的各专业问题进行交底，施工单位将设计交底内容按专业汇总、整理形成的技术文件。图纸会审应由建设单位组织监理单位、设计单位和施工单位项目负责人及有关人员参加。图纸会审记录应由建设单位、监理单位、设计单位和施工单位的相关负责人签字，且应一式五份，建设单位、监理单位、设计单位、施工单位和城建档案管理机构各保存一份。图纸会审记录可采用表 4-11 的格式。

表 4-11 图纸会审记录

编号：00-00-C2-×××

工程名称		××工程		
专业名称		结构	会审日期	20××年××月××日
序号	图号	会审记录		
		问题	答复意见	
1	结施-02	综合楼基础有自然深坑，该基础应如何处理？	勘察单位已在结施-02 说明中给出了详细的处理意见。	
2	结施-03	基础柱 KZ1 主筋 4Φ32 应如何放置？	主筋 Φ32，隔一布一。	
签字栏	建设单位	监理单位	设计单位	施工单位
	×××	×××	×××	×××

（五）设计变更通知单

设计变更通知单是在施工过程中，由于设计图纸本身的差错，设计图纸与实际情况不符，施工条件变化，原材料的规格、品种、质量不符合设计要求，以及有关人员提出的合理化建议等原因，需要对设计图纸部分内容进行修改而办理的变更设计文件。设计变更可以由建设单位、监理单位、设计单位或施工单位中的任何一个单位提出或由几个单位联合提出。

设计变更通知单应一式五份，建设单位、监理单位、设计单位、施工单位和城建档案管理机构各保存一份。设计变更通知单可采用表 4-12 的格式。

表 4-12 设计变更通知单

编号：01-06-C2-×××

工程名称		××工程	专业名称	结构
设计单位名称		××勘察与设计院	日期	20××年××月××日
序号	图号	变更内容		
1	结施-02	底板保护层的厚度改为 50 mm，并使用 C15 细石混凝土进行制作。		
签字栏	建设单位	监理单位	设计单位	施工单位
	×××	×××	×××	×××

（六）工程洽商记录

工程洽商记录是建筑工程施工过程中，一种协调建设单位与施工单位、施工单位与设计单位的工作记录。工程洽商记录可由建设单位、监理单位、设计单位、施工单位中的任何一个单位提出，并由提出单位填写。

工程洽商记录应分专业办理，不同专业的洽商应分别办理，不得办理在同一份文件上。工程洽商记录的内容应翔实，必要时应附图，并逐条注明应修改图纸的图号。工程洽商记录应一式五份，建设单位、监理单位、设计单位、施工单位和城建档案管理机构各保存一份。工程洽商记录可采用表 4-13 的格式。

表 4-13　工程洽商记录

编号：01-03-C2-×××

<table>
<tr><td>工程名称</td><td colspan="2">××工程</td><td>专业名称</td><td colspan="2">建筑</td></tr>
<tr><td>提出单位名称</td><td colspan="2">××勘察与设计院</td><td>日期</td><td colspan="2">20××年××月××日</td></tr>
<tr><td>内容摘要</td><td colspan="5">自然基坑回填施工</td></tr>
<tr><td>序号</td><td>图号</td><td colspan="4">洽商内容</td></tr>
<tr><td>1</td><td>建施-02</td><td colspan="4">经建设单位同意，进行设计交底后，对于原综合楼的自然基坑处理，设计单位给出了具体的施工建议，即采用 2∶8 灰土进行分层压实。现已按照设计单位给出的建议进行了施工。
基坑宽度 12 m，长度 15.6 m，深度 2 m，共计回填土方 450 m³ 。</td></tr>
<tr><td rowspan="2">签字栏</td><td>建设单位</td><td>监理单位</td><td>设计单位</td><td colspan="2">施工单位</td></tr>
<tr><td>×××</td><td>×××</td><td>×××</td><td colspan="2">×××</td></tr>
</table>

三、进度造价资料（C3）

进度造价资料的类别、名称、来源和保存单位如表 4-14 所示。

表 4-14　进度造价资料的类别、名称、来源和保存单位

类别	名称	来源	保存单位				
			建设单位	设计单位	施工单位	监理单位	城建档案管理机构
1	工程开工报审表	施工单位	▲	▲	▲	▲	▲
2	工程复工报审表	施工单位	▲	▲	▲	▲	▲
3	施工进度计划报审表	施工单位			△	△	
4	施工进度计划	施工单位			△	△	
5	人、机、料动态表	施工单位			△	△	
6	工程延期申请表	施工单位	▲		▲	▲	▲
7	工程款支付申请表	施工单位	▲		△	△	
8	工程变更费用报审表	施工单位	▲		△	△	
9	费用索赔申请表	施工单位	▲		△	△	

由于工程开工报审表、工程复工报审表、施工进度计划报审表、工程延期申请表、工程款支付申请表、工程变更费用报审表、费用索赔申请表等已在项目三中介绍，因此，这里只介绍施工进度计划及人、机、料动态表。

（一）施工进度计划

施工进度计划是施工组织设计的中心内容，是建筑工程按合同规定的期限交付使用的保证，施工中的其他工作必须围绕并适应施工进度计划的安排。

施工进度计划由施工单位负责编制，经监理单位审核合格后实施，并应存档。

（二）人、机、料动态表

施工单位应定期向监理单位上报工程施工所需的劳动力、机械设备、主要材料的使用情况，并填报人、机、料动态表，由监理单位进行审查。

此外，在主要施工设备进场调试合格后、开始使用前，也应填写人、机、料动态表并报监理单位审查。

四、施工物资资料（C4）

施工物资主要包括建筑材料、成品、半成品、构配件、设备等。施工物资资料是反映工程所用施工物资质量和性能指标等的各种证明文件和相关配套文件的统称。施工物资资料的类别、名称、来源和保存单位如表 4-15 所示。

表 4-15　施工物资资料的类别、名称、来源和保存单位

类别	名称	来源	保存单位				
			建设单位	设计单位	施工单位	监理单位	城建档案管理机构
出厂质量证明文件及检测报告							
1	砂、石、砖、水泥、钢筋、隔热保温材料、防腐材料、轻骨料出厂证明文件	施工单位	▲		▲	▲	△
2	其他物资出厂合格证、质量保证书、检测报告和报关单或商检证等	施工单位	△		▲	△	
3	材料、设备的相关检验报告、型式检测报告、3C 强制认证合格证书或 3C 标志	采购单位	△		▲	△	
4	主要设备、器具的安装使用说明书	采购单位	▲		▲	△	
5	进口的主要材料、设备的商检证明文件	采购单位	△		▲		
6	涉及消防、安全、卫生、环保、节能的材料、设备的检测报告或法定机构出具的有效证明文件	采购单位	▲		▲	▲	△
进场检验记录							
1	材料、构配件进场检验记录	施工单位			△	△	
2	设备开箱检验记录	施工单位			△	△	
3	设备及管道附件试验记录	施工单位	▲		▲	△	

（续表）

类别	名称	来源	保存单位				
			建设单位	设计单位	施工单位	监理单位	城建档案管理机构
进场复试报告							
1	钢材试验报告	检测单位	▲		▲	▲	▲
2	水泥试验报告	检测单位	▲		▲	▲	▲
3	砂试验报告	检测单位	▲		▲	▲	▲
4	碎（卵）石试验报告	检测单位	▲		▲	▲	▲
5	外加剂试验报告	检测单位	△		▲	▲	▲
6	防水涂料试验报告	检测单位	▲		▲	△	
7	防水卷材试验报告	检测单位	▲		▲	△	
8	砖（砌块）试验报告	检测单位	▲		▲	▲	▲
9	预应力筋复试报告	检测单位	▲		▲	▲	▲
10	预应力锚具、夹具和连接器复试报告	检测单位	▲		▲	▲	▲
11	装饰装修用门窗复试报告	检测单位	▲		▲	△	
12	装饰装修用人造木板复试报告	检测单位	▲		▲	△	
13	装饰装修用花岗石复试报告	检测单位	▲		▲	△	
14	装饰装修用安全玻璃复试报告	检测单位	▲		▲	△	
15	装饰装修用外墙面砖复试报告	检测单位	▲		▲	△	
16	钢结构用钢材复试报告	检测单位	▲		▲	▲	▲
17	钢结构用防火涂料复试报告	检测单位	▲		▲	▲	▲
18	钢结构用焊接材料复试报告	检测单位	▲		▲	▲	▲
19	钢结构用高强度大六角头螺栓连接副复试报告	检测单位	▲		▲	▲	▲
20	钢结构用扭剪型高强螺栓连接副复试报告	检测单位	▲		▲	▲	▲
21	幕墙用铝塑板、石材、玻璃、结构胶复试报告	检测单位	▲		▲	▲	▲
22	散热器、供暖系统保温材料、通风与空调工程绝热材料、风机盘管机组、低压配电系统电缆的见证取样复试报告	检测单位	▲		▲	▲	▲
23	节能工程材料复试报告	检测单位	▲		▲	▲	▲

（一）出厂质量证明文件及检测报告

施工物资进场需要供应单位提交出厂质量证明文件及检测报告，施工单位收集与保存。出厂质量证明文件包括产品合格证、质量认证书、检测报告、试验报告、产品生产许可证、质量保证书、特定产品核准证等。出厂质量证明文件及检测报告的要求如下。

（1）出厂质量证明文件的复印件应与原件内容一致，并加盖原件存放单位公章和注明原件存放处，同时由经办人签字。如果出厂质量证明文件为传真件，则应将其转换为复印件再保存。

（2）新材料和新产品应有具备鉴定资格的单位出具的鉴定证明，同时具有产品质量标准和试验要求，以及安装、使用、维修和工艺标准等相关技术文件，并在使用前按其质量标准和试验要求进行试验或检验。

（3）进口材料、设备应有商检证明（国家认证委员会发布的3C强制认证产品除外），中文版质量证明文件和性能检测报告，以及中文版的安装、使用、维修和试验要求等技术文件。

（4）涉及结构安全和使用功能的材料需要代换且改变了设计要求时，应有设计单位签字的认可文件。涉及安全、卫生和环保等的物资，如压力容器、消防设备、卫生洁具等，应有相应资质等级检测单位的检测报告。

（二）进场检验记录

施工物资进场应进行检验，并有进场检验记录。

1．材料、构配件进场检验记录

材料、构配件进场后，应由监理/建设单位会同施工单位和供应单位共同对进场材料、构配件进行检验，并填写材料、构配件进场检验记录。材料、构配件进场检验记录应在材料进场验收通过后1天内提交，且应一式两份，施工单位和监理单位各保存一份。材料、构配件进场检验记录可采用表4-16的格式。

表4-16　材料、构配件进场检验记录

编号：01-06-C4-×××

工程名称			××工程	检验日期		20××年××月××日	
序号	名称	规格型号	进场数量	生产厂家 合格证号	检验项目	检验结果	备注
1	混凝土	C20	2 m^3	××混凝土有限公司 ××××	外观、质量证明文件	合格	
2	混凝土	C30	2 m^3	××混凝土有限公司 ××××	外观、质量证明文件	合格	
施工单位检查意见： 以上材料经外观检查良好，规格型号及进场数量符合设计及规范要求，产品质量证明文件齐全。同意进场使用。 附件：共6页。							

（续表）

<table>
<tr><td colspan="5">监理/建设单位验收意见：
☑同意　　□重新检验　　□退场　　验收日期：20××年××月××日</td></tr>
<tr><td rowspan="3">签字栏</td><td rowspan="2">监理/建设单位</td><td colspan="3">施工单位</td></tr>
<tr><td>专业质量检查员</td><td>专业工长</td><td>取样员</td></tr>
<tr><td>×××</td><td>×××</td><td>×××</td><td>×××</td></tr>
</table>

2. 设备开箱检验记录

建筑工程所使用的设备进场后，应由监理/建设单位、施工单位、供应单位共同开箱检验，并填写设备开箱检验记录。设备开箱检验记录应在设备进场验收通过后 1 天内提交，且应一式两份，施工单位和监理单位各保存一份。设备开箱检验记录可采用表 4-17 的格式。

表 4-17　设备开箱检验记录

编号：08-02-C4-×××

<table>
<tr><td>工程名称</td><td colspan="2">××工程</td><td>检验日期</td><td colspan="2">20××年××月××日</td></tr>
<tr><td>设备名称</td><td colspan="2">排烟风机</td><td>规格型号</td><td colspan="2">××××</td></tr>
<tr><td>生产厂家</td><td colspan="2">××机电设备公司</td><td>产品合格证编号</td><td colspan="2">××××</td></tr>
<tr><td>总数量</td><td colspan="2">3</td><td>检验数量</td><td colspan="2">3</td></tr>
<tr><td colspan="6">进场检验记录</td></tr>
<tr><td>包装情况</td><td colspan="5">木箱及塑料布包装。</td></tr>
<tr><td>随机文件</td><td colspan="5">合格证、出厂检验报告、技术说明书。</td></tr>
<tr><td>备件与附件</td><td colspan="5">减振垫、螺栓。</td></tr>
<tr><td>外观情况</td><td colspan="5">喷涂均匀、无铸造缺陷，外观情况良好。</td></tr>
<tr><td>测试情况</td><td colspan="5">手动测试运转情况良好。</td></tr>
<tr><td colspan="6">缺、损附备件明细</td></tr>
<tr><td>序号</td><td>附备件名称</td><td>规格</td><td>单位</td><td>数量</td><td>备注</td></tr>
<tr><td></td><td></td><td></td><td></td><td></td><td></td></tr>
<tr><td colspan="6">施工单位检查意见：
经外观检验和手动测试，该设备符合设计与施工规范的要求。
附件：共 6 页。</td></tr>
<tr><td colspan="6">监理/建设单位验收意见：
☑同意　　□重新检验　　□退场　　验收日期：20××年××月××日</td></tr>
<tr><td rowspan="3">签字栏</td><td>供应单位</td><td colspan="2">××机电设备公司</td><td>责任人</td><td>×××</td></tr>
<tr><td>施工单位</td><td colspan="2">××建筑工程有限公司</td><td>专业工长</td><td>×××</td></tr>
<tr><td>监理/建设单位</td><td colspan="2">××监理有限公司</td><td>专业工程师</td><td>×××</td></tr>
</table>

3．设备及管道附件试验记录

设备、阀门、密闭水箱、风机盘管等在安装前按规定进行试验时，均应填写设备及管道附件试验记录。施工单位在填写设备及管道附件试验记录时，应一式三份，建设单位、施工单位和监理单位各保存一份。设备及管道附件试验记录可采用表 4-18 的格式。

表 4-18　设备及管道附件试验记录

编号：05-01-C4-×××

<table>
<tr><td colspan="2">工程名称</td><td colspan="6">××工程</td></tr>
<tr><td colspan="2">使用部位</td><td colspan="2">给水系统</td><td colspan="2">试验日期</td><td colspan="2">20××年××月××日</td></tr>
<tr><td colspan="2">试验要求</td><td colspan="6">阀门的公称压力为 1.6 MPa，强度试验压力为公称压力的 1.5 倍，严密性试验压力为公称压力的 1.1 倍，试验压力在持续时间内保持不变，壳体填料及阀瓣密封面无渗漏。</td></tr>
<tr><td colspan="2">设备/管道附件名称</td><td colspan="6">闸阀</td></tr>
<tr><td colspan="2">材质、型号</td><td>Z41H-16C</td><td>Z41H-16C</td><td colspan="2">Z41H-16C</td><td>Z41H-16C</td><td>Z41H-16C</td></tr>
<tr><td colspan="2">规格</td><td>DN40</td><td>DN50</td><td colspan="2">DN65</td><td>DN80</td><td>DN100</td></tr>
<tr><td colspan="2">试验数量/个</td><td>5</td><td>5</td><td colspan="2">5</td><td>5</td><td>5</td></tr>
<tr><td colspan="2">试验介质</td><td>自来水</td><td>自来水</td><td colspan="2">自来水</td><td>自来水</td><td>自来水</td></tr>
<tr><td colspan="2">公称或工作压力/MPa</td><td>1.6</td><td>1.6</td><td colspan="2">1.6</td><td>1.6</td><td>1.6</td></tr>
<tr><td rowspan="5">强度试验</td><td>试验压力/MPa</td><td>2.4</td><td>2.4</td><td colspan="2">2.4</td><td>2.4</td><td>2.4</td></tr>
<tr><td>试验持续时间/s</td><td>60</td><td>60</td><td colspan="2">60</td><td>60</td><td>60</td></tr>
<tr><td>试验压力降/MPa</td><td>0.00</td><td>0.00</td><td colspan="2">0.00</td><td>0.00</td><td>0.00</td></tr>
<tr><td>渗漏情况</td><td>无渗漏</td><td>无渗漏</td><td colspan="2">无渗漏</td><td>无渗漏</td><td>无渗漏</td></tr>
<tr><td>试验结论</td><td>合格</td><td>合格</td><td colspan="2">合格</td><td>合格</td><td>合格</td></tr>
<tr><td rowspan="5">严密性试验</td><td>试验压力/MPa</td><td>1.76</td><td>1.76</td><td colspan="2">1.76</td><td>1.76</td><td>1.76</td></tr>
<tr><td>试验持续时间/s</td><td>60</td><td>60</td><td colspan="2">60</td><td>60</td><td>60</td></tr>
<tr><td>试验压力降/MPa</td><td>0.00</td><td>0.00</td><td colspan="2">0.00</td><td>0.00</td><td>0.00</td></tr>
<tr><td>渗漏情况</td><td>无渗漏</td><td>无渗漏</td><td colspan="2">无渗漏</td><td>无渗漏</td><td>无渗漏</td></tr>
<tr><td>试验结论</td><td>合格</td><td>合格</td><td colspan="2">合格</td><td>合格</td><td>合格</td></tr>
<tr><td rowspan="3">签字栏</td><td rowspan="2">施工单位</td><td colspan="2" rowspan="2">××建筑工程有限公司</td><td>专业技术负责人</td><td colspan="2">专业质量检查员</td><td>专业工长</td></tr>
<tr><td>×××</td><td colspan="2">×××</td><td>×××</td></tr>
<tr><td>监理/建设单位</td><td colspan="2">××监理有限公司</td><td colspan="3">专业工程师</td><td>×××</td></tr>
</table>

（三）进场复试报告

在涉及安全、功能的有关材料进场时，除了需要提供出厂质量证明文件及检测报告外，施工单位还需要委托具有相应资质的检测单位对这些材料进行进场复试，并出具进场复试报告。进场复试报告的要求如下。

（1）进场复试报告应涵盖所有与安全、功能相关的检测项目。

（2）进场复试报告应详细记录所采用的检测方法、设备和标准。

（3）进场复试报告应清晰、准确地列出所有检测项目的检测结果，包括检测数据、图表和结论。对于不符合要求的材料，应明确指出不符合项，并提出处理建议。

（4）进场复试报告应经过具有相应资质的检测人员的审核，并由检测单位负责人签字确认。审核人员应对报告的真实性和准确性负责。

（5）进场复试报告应具有明确的检测日期和有效期，确保材料的性能在有效期内得到保障。同时，进场复试报告应具有可追溯性，便于对检测过程和结果进行复查和验证。

课堂互动

请大家讨论：施工单位应如何确保进场复试报告的准确性和真实性？

五、施工记录资料（C5）

施工记录资料的类别、名称、来源和保存单位如表 4-19 所示。

表 4-19　施工记录资料的类别、名称、来源和保存单位

类别	名称	来源	保存单位				
			建设单位	设计单位	施工单位	监理单位	城建档案管理机构
1	隐蔽工程验收记录	施工单位	▲		▲	▲	▲
2	施工检查记录	施工单位			△		
3	交接检查记录	施工单位			△		
4	工程定位测量记录	施工单位	▲		▲	▲	▲
5	基槽验线记录	施工单位	▲		▲	▲	▲
6	楼层平面放线记录	施工单位			△	△	△
7	楼层标高抄测记录	施工单位			△	△	△
8	建筑物垂直度、标高观测记录	施工单位	▲		▲	△	△
9	沉降观测记录	建设单位委托测量单位提供	▲		▲	△	▲
10	基坑支护水平位移监测记录	施工单位			△	△	
11	桩基、支护测量放线记录	施工单位			△	△	
12	地基验槽记录	施工单位	▲	▲	▲	▲	▲
13	地基钎探记录	施工单位	▲		△	△	▲

（续表）

类别	名称	来源	保存单位				
			建设单位	设计单位	施工单位	监理单位	城建档案管理机构
14	混凝土浇灌申请书	施工单位			△	△	
15	预拌混凝土运输单	施工单位			△		
16	混凝土开盘鉴定	施工单位			△	△	
17	混凝土拆模申请单	施工单位			△	△	
18	混凝土预拌测温记录	施工单位			△		
19	混凝土养护测温记录	施工单位			△		
20	大体积混凝土养护测温记录	施工单位			△		
21	大型构件吊装记录	施工单位	▲		△	△	▲
22	焊接材料烘焙记录	施工单位			△		
23	地下工程防水效果检查记录	施工单位	▲		△	△	
24	防水工程试水检查记录	施工单位	▲		△	△	
25	通风（烟）道、垃圾道检查记录	施工单位	▲		△	△	
26	预应力筋张拉记录	施工单位	▲		▲	△	▲
27	有粘结预应力结构灌浆记录	施工单位	▲		▲	△	▲
28	钢结构施工记录	施工单位	▲		▲	△	
29	网架（索膜）施工记录	施工单位	▲		▲	△	▲
30	木结构施工记录	施工单位	▲		▲	△	
31	幕墙注胶检查记录	施工单位	▲		▲	△	
32	自动扶梯、自动人行道的相邻区域检查记录	施工单位	▲		▲	△	
33	电梯电气装置安装检查记录	施工单位	▲		▲	△	
34	自动扶梯、自动人行道电气装置检查记录	施工单位	▲		▲	△	
35	自动扶梯、自动人行道整机安装质量检查记录	施工单位	▲		▲	△	

下面主要介绍前 5 项常用的施工记录资料。如需要获取其他施工记录资料，请扫描右侧的二维码。

其他施工记录资料

（一）隐蔽工程验收记录

隐蔽工程是指在施工过程中，上一道工序完成后即将被下一道工序掩盖，掩盖后难以检查其材料是否符合规定，施工是否规范，质量是否符合要求，只有经过破坏才能进行检查的工程。隐蔽工程验收记录是对隐蔽工程进行检查和验收的记录。

常见的隐蔽工程验收项目及内容

隐蔽工程施工完毕后，应由专业工长填写隐蔽工程验收记录，项目技术负责人组织监理旁站，施工单位专业工长、专业质量检查员共同参加。验收后由监理单位签署检查意见，并下检查结论。若验收存在问题，则应在检查结论中给予明示。对存在的问题，施工单位必须按处理意见进行处理，处理后应邀请监理单位进行复查，并将复查结论填入隐蔽工程验收记录内。凡未经隐蔽工程验收或验收不合格的工程，不得进行下道工序的施工。

隐蔽工程验收记录应一式四份，建设单位、施工单位、监理单位和城建档案管理机构各保存一份。隐蔽工程验收记录可采用表 4-20 的格式。

表 4-20　隐蔽工程验收记录

编号：03-02-C5-×××

<table>
<tr><td colspan="2">工程名称</td><td colspan="4">××工程</td></tr>
<tr><td colspan="2">隐检项目</td><td colspan="2">抹灰</td><td>隐检日期</td><td>20××年××月××日</td></tr>
<tr><td colspan="2">隐检部位</td><td colspan="4">三层外墙轴线+21.60 m 标高</td></tr>
<tr><td colspan="6">隐检依据：施工图号结施-02，设计变更/商洽/技术核定单（编号 03-02-C2-×××）及有关国家现行标准等。
主要材料名称及规格/型号：水泥砂浆，M5；钢丝网片，网眼尺寸 20 mm。</td></tr>
<tr><td colspan="6">隐检内容：
1．外墙抹灰采用 M5 水泥砂浆，并加配钢丝网片，网眼尺寸为 20 mm。
2．钢丝网片采用射钉与墙体连接牢固。
3．墙体抹灰层厚度为 50 mm，施工时设标志块，能保证墙体垂直度满足要求。
4．抹灰基层涂刷了界面剂，以防止抹灰层空鼓。
申报人：×××</td></tr>
<tr><td colspan="6">检查意见：
经检查，符合设计及规范规定要求。
检查结论：
☑同意隐蔽　　　　☐不同意隐蔽，修改后复查</td></tr>
<tr><td colspan="6">复查结论：
复查人：　　复查日期：　　年　月　日</td></tr>
<tr><td rowspan="3">签字栏</td><td rowspan="2">监理/建设单位</td><td colspan="4">施工单位</td></tr>
<tr><td>项目技术负责人</td><td colspan="2">专业质量检查员</td><td>专业工长</td></tr>
<tr><td>×××</td><td>×××</td><td colspan="2">×××</td><td>×××</td></tr>
</table>

（二）施工检查记录

施工单位对施工过程中的重要施工环节和步骤进行自检时，应填写施工检查记录。施工单位在进行施工检查时，首先需要办理施工检查的工序，随后由专业工长组织专业质量检查员、班组长进行检查，待检查合格后，由专业工长填写施工检查记录。

常见的施工检查项目及内容

施工检查记录所反映的施工检查部位、检查日期、检查内容等应与施工日志、检验批质量验收记录、施工方案和技术交底的内容或要求一致。检查结论应由专业质量检查员填写，所有施工检查内容是否全部符合要求应明确。施工检查中第一次检查未通过的，应注明质量问题和复查要求。

施工检查记录可采用表 4-21 的格式。

表 4-21　施工检查记录

编号：01-06-C5-×××

<table>
<tr><td>工程名称</td><td colspan="2">××工程</td><td>检查项目</td><td>模板</td></tr>
<tr><td>检查部位</td><td colspan="2">二层①～⑩/Ⓐ～Ⓗ轴顶板、梁、楼梯</td><td>检查日期</td><td>20××年××月××日</td></tr>
<tr><td colspan="5">检查依据：
1. 施工图纸：结施-01、结施-02、结施-06。
2. GB 50204—2015《混凝土结构工程施工质量验收规范》。</td></tr>
<tr><td colspan="5">检查内容：
1. 二层①～⑩/Ⓐ～Ⓗ轴顶板、梁、楼梯模板。
2. 模板支撑的强度、刚度、稳定性符合规范要求。
3. 标高、各部尺寸符合设计图纸要求。
4. 拼缝严密，隔离剂涂刷均匀，模内清理干净。</td></tr>
<tr><td colspan="5">检查结论：
经检查，二层①～⑩/Ⓐ～Ⓗ轴顶板、梁、楼梯模板安装工程已全部完成，符合设计及 GB 50204—2015《混凝土结构工程施工质量验收规范》的规定，同意进行下道工序的施工。</td></tr>
<tr><td colspan="5">复查意见：
复查人：　　　　复查日期：　　年　月　日</td></tr>
<tr><td rowspan="3">签字栏</td><td>施工单位</td><td colspan="3">××建筑工程有限公司</td></tr>
<tr><td>项目专业技术负责人</td><td colspan="2">专业质量检查员</td><td>专业工长</td></tr>
<tr><td>×××</td><td colspan="2">×××</td><td>×××</td></tr>
</table>

（三）交接检查记录

建筑工程施工时，各专业工种之间的相关工序应进行交接，如支护与桩基工程完工移交给结构工程、结构工程完工移交给幕墙工程、初装修完工移交给精装修、设备基础完工移交给机电设备安装等。进行交接时，移交单位、接收单位和见证单位应共同对移交工程进行检查，对质量情况、遗留问题、工序要求、注意事项、成品保护等进行记录，并填写交接检查记录。

特别提示

当工序交接发生在总承包单位与分包单位或各分包单位之间时，可以由监理单位做见证单位；当工序交接发生在外部单位与施工单位之间时，可以由建设单位或监理单位做见证单位。

交接检查记录由移交单位形成，其中，表头和交接内容由移交单位填写，检查结果由接收单位填写，复查意见由见证单位填写。交接检查记录可采用表 4-22 的格式。

表 4-22　交接检查记录

编号：03-01-C5-×××

工程名称	××工程		
移交单位	××建筑装修工程有限公司	接收单位	××建筑工程有限公司
交接部位	1～6 层初装修	检查日期	20××年××月××日
交接内容： 检查××建筑装修工程有限公司施工的结构标高、轴线偏差，结构构件尺寸偏差，填充墙体、抹灰工程质量，相邻楼地面标高，门窗洞口尺寸及偏差，水、暖、电等管线是否到位，是否具备进行精装修工程施工的条件。			
检查结果： 经双方和监理单位三方共同检查，结构标高、轴线偏差，结构构件尺寸偏差，填充墙体、抹灰工程质量，相邻楼地面标高，门窗洞口尺寸及偏差，水、暖、电等管线均符合设计和规范要求，具备进行精装修工程施工的条件。			
复查意见： 复查人：　　　复查日期：　　年　月　日			
见证单位意见： 交接检查细致全面，各项检查均符合设计要求及规范规定，同意交接。			
签字栏	移交单位	接收单位	见证单位
	×××	×××	×××

（四）工程定位测量记录

工程定位测量是指在工程开工前，施工单位依据规划行政管理部门提供的红线桩、放线成果、场地控制网、总平面图测定建筑物位置、主控轴线及尺寸、建筑物 ±0.000 绝对高程。施工单位完成工程定位测量后应填写工程定位测量记录，报监理单位审核签字后，由建设单位报规划行政管理部门验线。

施工单位在填写工程定位测量记录时，平面坐标依据应填写由设计给定的建筑物与周边相邻建筑物的位置尺寸关系，或新旧建筑物的角点坐标数值；高程依据应填写由设计给定的高程控制水准点的标高；定位抄测示意图应标出指北针的方向，单位工程（或多个单位工程）楼座规划点的外廓图形、外廓轴线和相关尺寸，引测在场内的高程点值，并示意所在位置。

工程定位测量记录应一式四份，建设单位、施工单位、监理单位和城建档案管理机构各保存一份。工程定位测量记录可采用表 4-23 的格式。

表 4-23　工程定位测量记录

编号：01-03-C5-×××

<table>
<tr><td>工程名称</td><td colspan="3">××工程</td><td>委托单位</td><td></td></tr>
<tr><td>图纸编号</td><td colspan="3">建施-02</td><td>施测日期</td><td>20××年××月××日</td></tr>
<tr><td>平面坐标依据</td><td colspan="3">G1 点（坐标 X1 = 46.123，Y1 = 189.622）
G2 点（坐标 X2 = 166.123，Y2 = 189.629）</td><td>复测日期</td><td>20××年××月××日</td></tr>
<tr><td>高程依据</td><td colspan="3">设计给定的高程控制水准点的标高 36.7 m</td><td>使用仪器</td><td>全站仪（DT202C）水准仪（S3）</td></tr>
<tr><td>允许误差</td><td colspan="3">±3 mm</td><td>仪器校验日期</td><td>20××年××月××日</td></tr>
<tr><td colspan="6">定位抄测示意图：
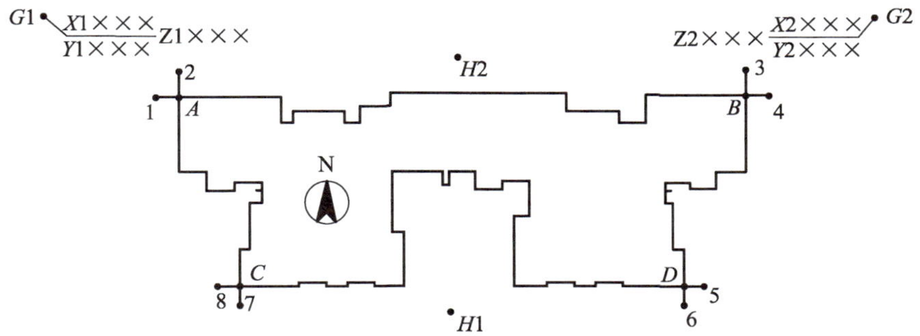

用全站仪进行定位测量，依据测站 G1，后视点 G2，引测 A、B、C、D 四个角点，用全站仪及钢尺向建筑外边缘 6 m 处引测 1、2、3、4、5、6、7、8 四个定位控制桩，在木桩上钉钢钉固定点位，并浇筑混凝土保护，用水准仪引测 H1、H2 两点（混凝土桩红油漆标准 ±0.000），并闭合测量进行校核（A 点到 B 点的距离为 57.8 m，建筑物南北进深距离为 19.0 m）。</td></tr>
<tr><td colspan="6">复测结果：
符合设计图纸及规范规定的要求，同意进行下道工序的施工。</td></tr>
<tr><td rowspan="3">签字栏</td><td rowspan="2">监理/建设单位</td><td>施工/测量单位</td><td>××建筑工程有限公司</td><td>测量人员岗位证书号</td><td>××××</td></tr>
<tr><td>专业技术负责人</td><td>测量负责人</td><td>复测人</td><td>施测人</td></tr>
<tr><td>×××</td><td>×××</td><td>×××</td><td>×××</td><td>×××</td></tr>
</table>

（五）基槽验线记录

基槽验线是指施工单位依据主控轴线和基底平面图，检验建筑物基底外轮廓线、集水坑、电梯井坑、基槽断面尺寸、坡度等是否符合设计要求。基槽验线记录由施工单位填写，经相关人员签字后，报请监理单位检查。基槽验线记录应一式四份，建设单位、施工单位、监理单位和城建档案管理机构各保存一份。基槽验线记录可采用表 4-24 的格式。

表 4-24　基槽验线记录

编号：01-03-C5-×××

<table>
<tr><td>工程名称</td><td colspan="2">××工程</td><td>日期</td><td colspan="2">20××年××月××日</td></tr>
<tr><td>验线部位</td><td colspan="2">基槽</td><td>验线内容</td><td colspan="2">标高、位置</td></tr>
<tr><td colspan="6">验线依据及内容：
1. 验线依据：建设单位提供的定位控制桩、水准点、基槽平面图。
2. 验线内容：基槽外轮廓线及外轮廓断面。</td></tr>
<tr><td colspan="6">基槽平面、剖面简图：
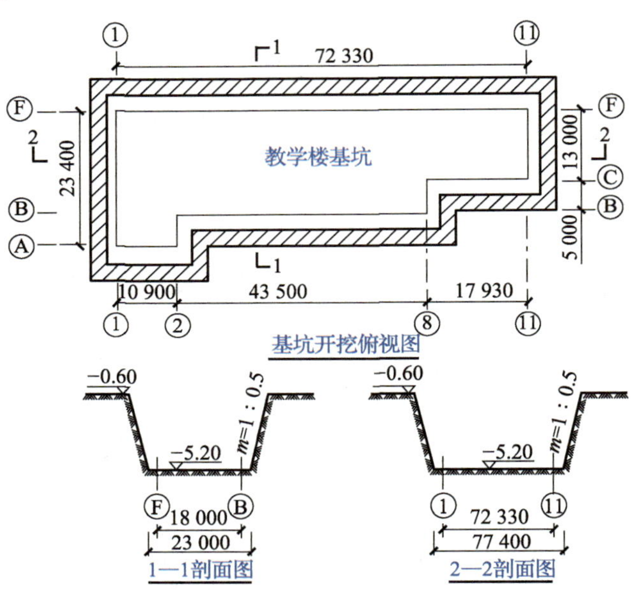
</td></tr>
<tr><td colspan="6">检查意见：
经检查，基槽尺寸符合设计要求，同意验收。</td></tr>
<tr><td rowspan="3">签字栏</td><td rowspan="2">监理/建设单位</td><td>施工单位</td><td colspan="3">××建筑工程有限公司</td></tr>
<tr><td>项目/专业技术负责人</td><td colspan="2">专业质量检查员</td><td>施测人</td></tr>
<tr><td>×××</td><td>×××</td><td colspan="2">×××</td><td>×××</td></tr>
</table>

六、施工试验记录及检测资料（C6）

施工试验记录及检测资料的类别、名称、来源和保存单位如表 4-25 所示。

表 4-25 施工试验记录及检测资料的类别、名称、来源和保存单位

类别	名称	来源	保存单位				
			建设单位	设计单位	施工单位	监理单位	城建档案管理机构
通用表格							
1	设备单机试运转记录	施工单位	▲		▲	△	△
2	系统试运转调试记录	施工单位	▲		▲	△	△
3	接地电阻测试记录	施工单位	▲		▲	△	△
4	绝缘电阻测试记录	施工单位	▲		▲	△	△
建筑与结构工程							
1	锚杆试验报告	检测单位	▲		▲	△	△
2	地基承载力检验报告	检测单位	▲		▲	△	▲
3	桩基检测报告	检测单位	▲		▲	△	▲
4	土工击实试验报告	检测单位	▲		▲	△	▲
5	回填土试验报告	检测单位	▲		▲	△	▲
6	钢筋机械连接试验报告	检测单位	▲		▲	△	△
7	钢筋焊接连接试验报告	检测单位	▲		▲	△	△
8	砂浆配合比申请书、通知单	施工单位			△	△	△
9	砂浆抗压强度试验报告	检测单位	▲		▲	△	▲
10	砌筑砂浆试块强度统计、评定记录	施工单位	▲		▲		△
11	混凝土配合比申请书、通知单	施工单位	▲		△	△	△
12	混凝土抗压强度试验报告	检测单位	▲		▲	△	▲
13	混凝土试块强度统计、评定记录	施工单位	▲		▲	△	△
14	混凝土抗渗试验报告	检测单位	▲		▲	△	△
15	砂、石、水泥放射性指标报告	施工单位	▲		▲	△	△
16	混凝土碱总量计算书	施工单位	▲		▲	△	△
17	外墙饰面砖样板粘结强度试验报告	检测单位	▲		▲	△	△
18	后置埋件抗拔试验报告	检测单位	▲		▲	△	△
19	超声波探伤报告、探伤记录	检测单位	▲		▲	△	△
20	钢构件射线探伤报告	检测单位	▲		▲	△	△
21	磁粉探伤报告	检测单位	▲		▲	△	△
22	高强度螺栓抗滑移系数检测报告	检测单位	▲		▲	△	△
23	钢结构焊接工艺评定	检测单位			△	△	△
24	网架节点承载力试验报告	检测单位	▲		▲	△	△
25	钢结构防腐、防火涂料厚度检测报告	检测单位	▲		▲	△	△
26	木结构胶缝试验报告	检测单位	▲		▲	△	

（续表）

类别	名称	来源	保存单位				
			建设单位	设计单位	施工单位	监理单位	城建档案管理机构
建筑与结构工程							
27	木结构构件力学性能试验报告	检测单位	▲		▲	△	△
28	木结构防护剂试验报告	检测单位	▲		▲	△	△
29	幕墙双组分硅酮结构胶混匀性及拉断试验报告	检测单位	▲		▲	△	△
30	幕墙的抗风压性能、空气渗透性能、雨水渗透性能及平面内变形性能检测报告	检测单位	▲		▲	△	△
31	外门窗的抗风压性能、空气渗透性能和雨水渗透性能检测报告	检测单位	▲		▲	△	△
32	墙体节能工程保温板材与基层粘结强度现场拉拔试验	检测单位	▲		▲	△	△
33	外墙保温浆料同条件养护试件试验报告	检测单位	▲		▲	△	△
34	结构实体混凝土强度验收记录	施工单位	▲		▲	△	△
35	结构实体钢筋保护层厚度验收记录	施工单位	▲		▲	△	△
36	围护结构现场实体检验	检测单位	▲		▲	△	△
37	室内环境检测报告	检测单位	▲		▲	△	△
38	节能性能检测报告	检测单位	▲		▲	△	▲
给排水及采暖工程							
1	灌（满）水试验记录	施工单位	▲		△	△	
2	强度严密性试验记录	施工单位	▲		▲	△	△
3	通水试验记录	施工单位	▲		△	△	
4	冲（吹）洗试验记录	施工单位	▲		▲	△	
5	通球试验记录	施工单位	▲		△	△	
6	补偿器安装记录	施工单位			△	△	
7	消火栓试射记录	施工单位	▲		▲	△	
8	安全附件安装检查记录	施工单位			▲	△	
9	锅炉烘炉试验记录	施工单位			▲	△	
10	锅炉煮炉试验记录	施工单位			▲	△	
11	锅炉试运行记录	施工单位	▲		▲	△	
12	安全阀定压合格证书	检测单位	▲		▲	△	
13	自动喷水灭火系统联动试验记录	施工单位	▲		▲	△	△

（续表）

类别	名称	来源	保存单位				
			建设单位	设计单位	施工单位	监理单位	城建档案管理机构
建筑电气工程							
1	电气接地装置平面示意图表	施工单位	▲		▲	△	△
2	电气器具通电安全检查记录	施工单位	▲		△	△	
3	电气设备空载试运行记录	施工单位	▲		▲	△	△
4	建筑物照明通电试运行记录	施工单位	▲		▲	△	△
5	大型照明灯具承载试验记录	施工单位	▲		▲	△	
6	漏电开关模拟试验记录	施工单位	▲		▲	△	
7	大容量电气线路结点测温记录	施工单位	▲		▲	△	
8	低压配电电源质量测试记录	施工单位	▲		▲	△	
9	建筑物照明系统照度测试记录	施工单位	▲		△	△	
智能建筑工程							
1	综合布线测试记录	施工单位	▲		▲	△	△
2	光纤损耗测试记录	施工单位	▲		▲	△	△
3	视频系统末端测试记录	施工单位	▲		▲	△	△
4	子系统检测记录	施工单位	▲		▲	△	△
5	系统试运行记录	施工单位	▲		▲	△	△
通风与空调工程							
1	风管漏光检测记录	施工单位	▲		△	△	
2	风管漏风检测记录	施工单位	▲		▲	△	
3	现场组装除尘器、空调机漏风检测记录	施工单位			△	△	
4	各房间室内风量测量记录	施工单位	▲		△	△	
5	管网风量平衡记录	施工单位	▲		△	△	
6	空调系统试运转调试记录	施工单位	▲		▲	△	△
7	空调水系统试运转调试记录	施工单位	▲		▲	△	△
8	制冷系统气密性试验记录	施工单位	▲		▲	△	△
9	净化空调系统检测记录	施工单位	▲		▲	△	△
10	防排烟系统联合试运行记录	施工单位	▲		▲	△	△
电梯工程							
1	轿厢平层准确度测量记录	施工单位	▲		△	△	
2	电梯层门安全装置检测记录	施工单位	▲		▲	△	
3	电梯电气安全装置检测记录	施工单位	▲		▲	△	
4	电梯整机功能检测记录	施工单位	▲		▲	△	

（续表）

类别	名称	来源	保存单位				
			建设单位	设计单位	施工单位	监理单位	城建档案管理机构
电梯工程							
5	电梯主要功能检测记录	施工单位	▲		▲	△	
6	电梯负荷运行试验记录	施工单位	▲		▲	△	△
7	电梯负荷运行试验曲线图表	施工单位	▲		▲	△	
8	电梯噪声测试记录	施工单位	△		△	△	
9	自动扶梯、自动人行道安全装置检测记录	施工单位	▲		▲	△	
10	自动扶梯、自动人行道整机性能、运行试验记录	施工单位	▲		▲	△	△

下面以建筑与结构工程中的几种施工试验记录及检测资料为例进行介绍。

（一）回填土试验报告

回填土一般包括柱基、基槽管沟、基坑、场地平整、排水沟、地（路）面基层及地基局部处理回填的素土、灰土、砂和砂石等。土方回填工程应进行土工击实试验，测定回填土质的最大干密度和最佳含水量，按规范要求分段、分层（步）回填，并取样对回填质量进行检验。检测单位填写回填土试验报告时，应注意以下事项。

（1）回填土种类应填素土、灰土（如 2∶8 灰土等）、砂或级配砂石等。

（2）要求压实系数、控制干密度均应以设计要求、施工规范和经试验计算确定的数据为准。

（3）步数。夯实后素土每步厚度为 15 cm，灰土每步厚度为 20 cm；冬期施工夯实后每步厚度宜为 10～15 cm。

（4）回填土压实后的干密度应有 90%以上符合设计要求，其余 10%的最低值与设计值的差不得大于 0.08 g/cm^3，且不得集中。若试验结果不合格，应尽快上报给有关部门。试验报告单不得抽撤，应在其上注明处理措施，并附处理合格证明。

（5）回填土试验报告应按规范要求绘制回填土取点平面、剖面简图，且图中应标明重要控制曲线、尺寸、指北针方向等。

回填土试验报告可采用表 4-26 的格式。

表 4-26　回填土试验报告

编号：01-03-C6-×××

<table>
<tr><td>工程名称及部位</td><td colspan="5">××工程基槽回填</td></tr>
<tr><td>委托单位</td><td colspan="2">××建筑工程有限公司</td><td>委托人</td><td colspan="2">×××</td></tr>
<tr><td>施工单位</td><td colspan="2">××建筑工程有限公司</td><td>试样编号</td><td colspan="2">××××</td></tr>
<tr><td>见证人单位</td><td colspan="2">××监理有限公司</td><td>见证人</td><td colspan="2">×××</td></tr>
<tr><td>检测依据</td><td colspan="2">GB/T 50123—2019《土工试验方法标准》</td><td>设备编号</td><td colspan="2">××××</td></tr>
<tr><td>回填土种类</td><td colspan="2">2∶8 灰土</td><td>试验环境</td><td colspan="2">20℃</td></tr>
<tr><td>要求压实系数</td><td colspan="2">0.95</td><td>委托日期</td><td colspan="2">20××年××月××日</td></tr>
<tr><td>控制干密度</td><td colspan="2">1.55 g/cm³</td><td>试验日期</td><td colspan="2">20××年××月××日</td></tr>
<tr><td rowspan="4">步数</td><td colspan="5">点号</td></tr>
<tr><td>1</td><td>2</td><td>3</td><td>4</td><td>5</td></tr>
<tr><td colspan="5">实测干密度/（g·cm⁻³）</td></tr>
<tr><td colspan="5">实测压实系数</td></tr>
<tr><td rowspan="2">1</td><td>1.61</td><td>1.60</td><td>1.63</td><td>1.64</td><td>1.61</td></tr>
<tr><td>0.98</td><td>0.93</td><td>0.96</td><td>0.96</td><td>0.93</td></tr>
<tr><td rowspan="2">2</td><td>1.61</td><td>1.62</td><td>1.63</td><td>1.62</td><td>1.62</td></tr>
<tr><td>0.93</td><td>0.96</td><td>0.95</td><td>0.96</td><td>0.98</td></tr>
<tr><td rowspan="2">3</td><td>1.60</td><td>1.60</td><td>1.63</td><td>1.62</td><td>1.61</td></tr>
<tr><td>0.93</td><td>0.94</td><td>0.96</td><td>0.97</td><td>0.93</td></tr>
<tr><td rowspan="2">4</td><td>1.58</td><td>1.60</td><td>1.61</td><td>1.62</td><td>1.61</td></tr>
<tr><td>0.96</td><td>0.95</td><td>0.93</td><td>0.96</td><td>0.95</td></tr>
<tr><td rowspan="2">5</td><td>1.60</td><td>1.62</td><td>1.61</td><td>1.62</td><td>1.63</td></tr>
<tr><td>0.93</td><td>0.96</td><td>0.95</td><td>0.97</td><td>0.98</td></tr>
<tr><td rowspan="2">6</td><td>1.62</td><td>1.61</td><td>1.63</td><td>1.62</td><td>1.62</td></tr>
<tr><td>0.93</td><td>0.96</td><td>0.97</td><td>0.98</td><td>0.95</td></tr>
<tr><td rowspan="2">7</td><td>1.62</td><td>1.61</td><td>1.60</td><td>1.63</td><td>1.62</td></tr>
<tr><td>0.94</td><td>0.93</td><td>0.94</td><td>0.95</td><td>0.96</td></tr>
<tr><td colspan="6">取样位置简图（附图）：
略。</td></tr>
<tr><td colspan="6">结论：
灰土干密度符合设计要求。</td></tr>
<tr><td>批准</td><td>×××</td><td>审核</td><td>×××</td><td>试验</td><td>×××</td></tr>
<tr><td>检测单位</td><td colspan="5">××试验中心</td></tr>
<tr><td>报告日期</td><td colspan="5">20××年××月××日</td></tr>
</table>

（二）砌筑砂浆试块强度统计、评定记录

砌筑砂浆试块强度统计、评定记录是对单位工程砌筑砂浆强度进行综合核查的评定用表。它既是砌筑砂浆试块抗压强度试验报告的汇总表，也是单位工程评定砌筑砂浆试块强度是否符合设计要求的核查记录。

砌筑砂浆试块强度统计、评定记录由施工单位填写，应按工程进度进行统计汇总。对于不同设计强度等级、不同部位、不同种类的砌筑砂浆试块强度，应分别汇总、评定。砌筑砂浆试块强度统计、评定记录可采用表 4-27 的格式。

表 4-27　砌筑砂浆试块强度统计、评定记录

编号：02-03-C6-×××

<table>
<tr><td>工程名称</td><td colspan="6">××工程</td><td colspan="2">强度等级</td><td colspan="2">M15 混合砂浆</td></tr>
<tr><td>施工单位</td><td colspan="6">××建筑工程有限公司</td><td colspan="2">养护方法</td><td colspan="2">标准养护</td></tr>
<tr><td>统计期</td><td colspan="6">20××年××月××日至
20××年××月××日</td><td colspan="2">结构部位</td><td colspan="2">填充墙砌体</td></tr>
<tr><td>试块组数 n</td><td colspan="3">强度标准值 f_2 /MPa</td><td colspan="3">平均值 $f_{2,m}$ /MPa</td><td colspan="2">最小值 $f_{2,min}$ /MPa</td><td colspan="2">$0.85f_2$ /MPa</td></tr>
<tr><td>10</td><td colspan="3">15</td><td colspan="3">16.87</td><td colspan="2">15.1</td><td colspan="2">12.75</td></tr>
<tr><td>每组强度值/MPa</td><td>19.1</td><td>21.7</td><td>15.8</td><td>15.4</td><td>15.9</td><td>17.4</td><td>15.1</td><td>15.6</td><td>15.8</td><td>16.9</td></tr>
<tr><td colspan="2">判定式</td><td colspan="5">$f_{2,m} \geqslant 1.10f_2$</td><td colspan="4">$f_{2,min} \geqslant 0.85f_2$</td></tr>
<tr><td colspan="2">结果</td><td colspan="5">合格</td><td colspan="4">合格</td></tr>
<tr><td colspan="11">结论：
符合设计及 GB 50203—2011《砌体结构工程施工质量验收规范》的规定，评定为合格。</td></tr>
<tr><td colspan="4">批准</td><td colspan="4">审核</td><td colspan="3">统计</td></tr>
<tr><td colspan="4">×××</td><td colspan="4">×××</td><td colspan="3">×××</td></tr>
<tr><td colspan="4">报告日期</td><td colspan="7">20××年××月××日</td></tr>
</table>

（三）混凝土试块强度统计、评定记录

混凝土试块强度统计、评定记录是对单位工程混凝土强度进行综合核查的评定用表。它既是混凝土试块抗压强度试验报告的汇总表，也是单位工程评定混凝土试块强度是否符合设计要求的核查记录。混凝土试块强度统计、评定记录由施工单位填写，应按工程进度进行统计汇总。

在填写混凝土试块强度统计、评定记录时，首先，需要确定单位工程中需要统计、评定的混凝土验收批，找出所有同一强度等级的各组试块强度值，分别填入表中；然后，填写所有已知项目，如统计期、试块组数等；接下来，分别计算出该批混凝土试块强度的平均值、标准差，找出该批混凝土试块强度的最小值和合格判定系数并填入表

中；最后，计算出各评定数据并对混凝土试块强度进行判定，将结论填入表中。

混凝土试块强度统计、评定记录可采用表 4-28 的格式。

表 4-28 混凝土试块强度统计、评定记录

编号：02-01-C6-×××

工程名称	××工程					强度等级	C30			
施工单位	××建筑工程有限公司					养护方法	标准养护			
统计期	20××年××月××日至 20××年××月××日					结构部位	主体 1～6 层梁、板、楼梯			
试块组数 n	强度标准值 $f_{cu,k}$/MPa		平均值 m_{fcu}/MPa		标准差 s_{fcu}/MPa	最小值 $f_{cu,min}$/MPa	合格判定系数			
							λ_1	λ_2	λ_3	λ_4
20	30.0		37.1		3.14	31.9	0.95	0.85		
每组强度值/MPa	35.0	36.5	31.9	33.7	33.7	35.7	35.9	36.6	35.6	35.7
	36.4	42.1	37.8	37.1	42.1	34.5	42.3	44.0	38.5	36.7
评定计算	☑统计方法					□非统计方法				
	$m_{fcu}-\lambda_1 s_{fcu}$			$\lambda_2 f_{cu,k}$		$\lambda_3 f_{cu,k}$		$\lambda_4 f_{cu,k}$		
	34.12			25.5						
判定式	$m_{fcu}-\lambda_1 s_{fcu} \geqslant f_{cu,k}$			$f_{cu,min} \geqslant \lambda_2 f_{cu,k}$		$m_{fcu} \geqslant \lambda_3 f_{cu,k}$		$f_{cu,min} \geqslant \lambda_4 f_{cu,k}$		
结果	合格			合格						
结论： 试块强度符合 GB/T 50107—2010《混凝土强度检验评定标准》要求，评定为合格。										
批准	审核					统计				
×××	×××					×××				
报告日期	20××年××月××日									

（四）结构实体混凝土强度验收记录

施工单位应对涉及混凝土结构安全的重要部位进行结构实体检验。对结构实体混凝土强度的检验，应以在混凝土浇筑地点制备并与结构实体同条件养护的试件强度为依据，如果同条件养护试件强度被判定为不合格，应委托具有相应资质等级的检测机构按国家有关标准进行检测。

结构实体混凝土强度验收记录由施工单位填写，应一式四份，建设单位、施工单位、监理单位和城建档案管理机构各保存一份。结构实体混凝土强度验收记录可采用表 4-29 的格式。

表 4-29 结构实体混凝土强度验收记录

编号：02-01-C6-×××

<table>
<tr><td>工程名称</td><td colspan="7">××工程</td><td colspan="3">结构类型</td><td colspan="2">框架结构</td></tr>
<tr><td>施工单位</td><td colspan="7">××建筑工程有限公司</td><td colspan="3">验收日期</td><td colspan="2">20××年××月××日</td></tr>
<tr><td>强度等级</td><td colspan="10">试件强度代表值/MPa</td><td>强度评定结果</td><td>监理/建设单位验收结果</td></tr>
<tr><td rowspan="2">C40</td><td>48.8</td><td>47.6</td><td>52.3</td><td>54</td><td>55.3</td><td>52.1</td><td>54.6</td><td>50</td><td>49.3</td><td>48.7</td><td rowspan="2">合格</td><td rowspan="2">合格</td></tr>
<tr><td>57.5</td><td>53.7</td><td>52.4</td><td>59.4</td><td>60.8</td><td>58.1</td><td>60.1</td><td>55</td><td>54.2</td><td>53.6</td></tr>
<tr><td colspan="13">结论：
混凝土强度符合 GB 50204—2015《混凝土结构工程施工质量验收规范》的规定，评定为合格。</td></tr>
<tr><td rowspan="2">签字栏</td><td colspan="7">项目专业技术负责人</td><td colspan="5">专业监理工程师/建设单位项目专业技术负责人</td></tr>
<tr><td colspan="7">×××</td><td colspan="5">×××</td></tr>
</table>

七、施工质量验收资料（C7）

施工质量验收资料管理流程

施工质量验收资料的类别、名称、来源和保存单位如表 4-30 所示。

表 4-30 施工质量验收资料的类别、名称、来源和保存单位

类别	名称	来源	保存单位				
			建设单位	设计单位	施工单位	监理单位	城建档案管理机构
1	检验批质量验收记录	施工单位	▲		△	△	
2	分项工程质量验收记录	施工单位	▲		▲	▲	
3	分部（子分部）工程质量验收记录	施工单位	▲		▲	▲	▲
4	建筑节能分部工程质量验收记录	施工单位	▲		▲	▲	▲
5	自动喷水系统验收缺陷项目划分记录	施工单位	▲		△	△	
6	程控电话交换系统分项工程质量验收记录	施工单位	▲		▲	△	
7	会议电视系统分项工程质量验收记录	施工单位	▲		▲	△	
8	卫星数字电视系统分项工程质量验收记录	施工单位	▲		▲	△	
9	有线电视系统分项工程质量验收记录	施工单位	▲		▲	△	
10	公共广播与紧急广播系统分项工程质量验收记录	施工单位	▲		▲	△	
11	计算机网络系统分项工程质量验收记录	施工单位	▲		▲	△	
12	应用软件系统分项工程质量验收记录	施工单位	▲		▲	△	
13	网络安全系统分项工程质量验收记录	施工单位	▲		▲	△	

（续表）

类别	名称	来源	保存单位				
			建设单位	设计单位	施工单位	监理单位	城建档案管理机构
14	空调与通风系统分项工程质量验收记录	施工单位	▲		▲	△	
15	变配电系统分项工程质量验收记录	施工单位	▲		▲	△	
16	公共照明系统分项工程质量验收记录	施工单位	▲		▲	△	
17	给水排水系统分项工程质量验收记录	施工单位	▲		▲	△	
18	热源和热交换系统分项工程质量验收记录	施工单位	▲		▲	△	
19	冷冻和冷却水系统分项工程质量验收记录	施工单位	▲		▲	△	
20	电梯和自动扶梯系统分项工程质量验收记录	施工单位	▲		▲	△	
21	数据通信接口分项工程质量验收记录	施工单位	▲		▲	△	
22	中央管理工作站及操作分站分项工程质量验收记录	施工单位	▲		▲	△	
23	系统实时性、可维护性、可靠性分项工程质量验收记录	施工单位	▲		▲	△	
24	现场设备安装及检测分项工程质量验收记录	施工单位	▲		▲	△	
25	火灾自动报警及消防联动系统分项工程质量验收记录	施工单位	▲		▲	△	
26	综合防范功能分项工程质量验收记录	施工单位	▲		▲	△	
27	视频安防监控系统分项工程质量验收记录	施工单位	▲		▲	△	
28	入侵报警系统分项工程质量验收记录	施工单位	▲		▲	△	
29	出入口控制（门禁）系统分项工程质量验收记录	施工单位	▲		▲	△	
30	巡更管理系统分项工程质量验收记录	施工单位	▲		▲	△	
31	停车场（库）管理系统分项工程质量验收记录	施工单位	▲		▲	△	
32	安全防范综合管理系统分项工程质量验收记录	施工单位	▲		▲	△	
33	综合布线系统安装分项工程质量验收记录	施工单位	▲		▲	△	
34	综合布线系统性能检测分项工程质量验收记录	施工单位	▲		▲	△	

（续表）

类别	名称	来源	保存单位				
			建设单位	设计单位	施工单位	监理单位	城建档案管理机构
35	系统集成网络连接分项工程质量验收记录	施工单位	▲		▲	△	
36	系统数据集成分项工程质量验收记录	施工单位	▲		▲	△	
37	系统集成整体协调分项工程质量验收记录	施工单位					
38	系统集成综合管理及冗余功能分项工程质量验收记录	施工单位	▲		▲	△	
39	系统集成可维护性和安全性分项工程质量验收记录	施工单位	▲		▲	△	
40	电源系统分项工程质量验收记录	施工单位	▲		▲	△	

下面主要介绍前3项常用的施工质量验收资料。

（一）检验批质量验收记录

检验批质量验收记录应符合GB 50300—2013《建筑工程施工质量验收统一标准》的有关规定。检验批质量验收记录应由施工单位填写，并由专业监理工程师组织施工单位项目专业质量检查员、专业工长等进行验收和签字。检验批质量验收记录的填写要求如下。

（1）检验批部位是指一个分项工程中验收的那个检验批的抽样范围，要按实际情况填写清楚。

笔记

（2）施工依据应填写施工所执行的工艺标准的名称及编号，可以填写所采用的企业标准、地方标准、行业标准或国家标准。如果未采用上述标准，也可填写实际采用的施工技术方案等。

（3）验收依据应填写验收所执行的标准名称及编号。

（4）设计要求及规范规定可以填写规范主控项目、一般项目的要求；也可以将质量要求简化，作为检查提示；当文字较多时，可以只填写条文号；当定量要求时，可以直接填写允许偏差。

（5）检查记录和检查结果由施工单位项目专业质量检查员填写，评定合格后交监理工程师验收。

（6）监理单位验收结论应由专业监理工程师填写。填写前，应对主控项目、一般项目按照施工质量验收规范的规定逐项抽查验收，独立得出验收结论。

检验批质量验收记录应一式三份，建设单位、施工单位和监理单位各保存一份。如表 4-31 所示为土方开挖工程检验批质量验收记录。

表 4-31 土方开挖工程检验批质量验收记录

编号：01-01-C7-×××

<table>
<tr><td colspan="2">单位（子单位）工程名称</td><td>××工程</td><td>分部（子分部）工程名称</td><td colspan="2">地基与基础（土方）</td><td>分项工程名称</td><td>土方开挖</td></tr>
<tr><td colspan="2">施工单位</td><td>××建筑工程有限公司</td><td>项目负责人</td><td colspan="2">×××</td><td>检验批容量</td><td>10 m³</td></tr>
<tr><td colspan="2">分包单位</td><td></td><td>分包单位项目负责人</td><td colspan="2"></td><td>检验批部位</td><td>围墙沟槽</td></tr>
<tr><td colspan="2">施工依据</td><td colspan="2">GB 51004—2015《建筑地基基础工程施工规范》</td><td colspan="2">验收依据</td><td colspan="2">GB 50202—2018《建筑地基基础工程施工质量验收标准》</td></tr>
<tr><td colspan="3">验收项目</td><td>设计要求及规范规定</td><td>最小/实际抽样数量</td><td colspan="2">检查记录</td><td>检查结果</td></tr>
<tr><td rowspan="3">主控项目</td><td>1</td><td>标高/mm</td><td>−50～0</td><td>10/10</td><td colspan="2">抽查 10 处，合格 10 处</td><td>√</td></tr>
<tr><td>2</td><td>长度、宽度（由设计中心线向两边量）/mm</td><td>−50～＋200</td><td>全/10</td><td colspan="2">共 10 处，全部检查，合格 10 处</td><td>√</td></tr>
<tr><td>3</td><td>边坡</td><td>设计值</td><td>10/10</td><td colspan="2">抽查 10 处，合格 10 处</td><td>√</td></tr>
<tr><td rowspan="2">一般项目</td><td>1</td><td>表面平整度/mm</td><td>±20</td><td>10/10</td><td colspan="2">抽查 10 处，合格 10 处</td><td>√</td></tr>
<tr><td>2</td><td>基底土性</td><td>设计要求</td><td>10/10</td><td colspan="2">抽查 10 处，合格 10 处</td><td>√</td></tr>
<tr><td colspan="3">施工单位检查结果</td><td colspan="5">检查评定合格。
专业工长：×××
项目专业质量检查员：×××
20××年××月××日</td></tr>
<tr><td colspan="3">监理单位验收结论</td><td colspan="5">主控项目全部合格，一般项目满足规范要求，本检验批合格。
专业监理工程师：×××
20××年××月××日</td></tr>
</table>

（二）分项工程质量验收记录

施工单位在分项工程完成、自检合格后，应填报分项工程质量验收记录，并由专业监理工程师组织项目专业技术负责人等进行验收和签字。分项工程质量验收记录的填写要求如下。

（1）表中基本参数、检验批名称、检验批容量、部位/区段等应填写齐全。

（2）“施工单位检查结果”列由施工单位质量检查员填写，可以画“√”或填写“符合要求，验收合格”。

（3）“监理单位验收结论”列由专业监理工程师经逐项抽查后填写。

分项工程质量验收记录应一式三份，建设单位、施工单位和监理单位各保存一份。如表 4-32 所示为土方开挖分项工程质量验收记录。

表 4-32　土方开挖分项工程质量验收记录

编号：01-01-C7-×××

<table>
<tr><td colspan="2">单位（子单位）
工程名称</td><td>××工程</td><td colspan="2">分部（子分部）工程名称</td><td>地基与基础（土方）</td></tr>
<tr><td colspan="2">分项工程数量</td><td>100 m^3</td><td colspan="2">检验批数量</td><td>2</td></tr>
<tr><td>施工单位</td><td colspan="2">××建筑工程有限公司</td><td>项目负责人</td><td>×××</td><td>项目技术负责人 ×××</td></tr>
<tr><td>分包单位</td><td colspan="2"></td><td>分包单位项目负责人</td><td></td><td>分包内容</td></tr>
<tr><td>序号</td><td>检验批名称</td><td>检验批容量</td><td>部位/区段</td><td>施工单位检查结果</td><td>监理单位验收结论</td></tr>
<tr><td>1</td><td>基槽土方开挖</td><td>10 m^3</td><td>围墙沟槽</td><td>符合要求，验收合格</td><td>合格</td></tr>
<tr><td>2</td><td>地（路）面基层土方开挖</td><td>90 m^3</td><td>混凝土地面基层土方开挖</td><td>符合要求，验收合格</td><td>合格</td></tr>
<tr><td colspan="6">说明：</td></tr>
<tr><td colspan="2">施工单位检查结果</td><td colspan="4">检查评定合格。
项目专业技术负责人：×××
20××年××月××日</td></tr>
<tr><td colspan="2">监理单位验收结论</td><td colspan="4">验收合格。
专业监理工程师：×××
20××年××月××日</td></tr>
</table>

（三）分部（子分部）工程质量验收记录

施工单位在分部（子分部）工程完成、自检合格后，应填报分部（子分部）工程质量验收记录，并由总监理工程师组织施工单位项目负责人和项目技术负责人验收和签字。地基与基础分部工程的验收应由施工单位、勘察单位、设计单位项目负责人参加并签字，主体结构、节能分部工程的验收应由施工单位、设计单位项目负责人参加并签字。分部（子分部）工程质量验收记录的填写要求如下。

（1）表头应填写分部（子分部）工程的名称，然后将“分部”“子分部”两者划掉其一。

（2）施工单位检查结果填写施工单位对各分部、分项工程自行检查评定的结果，可按照各分部、分项工程验收结论填写。

（3）质量控制资料应按单位（子单位）工程质量控制资料核查记录（在施工验收资料中介绍）来检查，各专业只需要检查该表内对应本专业的那部分相关内容。检查时，主要查明资料是否齐全、有无不合格项、横向内容是否相互协调一致、分类整理是否符合要求、各项资料的签字是否齐全。

（4）安全和功能检验结果可按照单位工程安全和功能检验资料核查及主要功能抽查记录（在施工验收资料中介绍），以及工程实际情况确定。检查时，首先要检查开工之前确定的检测项目是否全部进行了检测；然后要逐一对每份检测报告进行检查，主要检查每个检测项目的检测方法、程序是否符合有关标准的规定，检测结论是否达到规范的要求，检测报告的审批程序及签字是否完整等。

（5）观感质量检查只做定性评判，质量等级分为“好、一般、差”，“好”“一般”均为合格；“差”为不合格，需要修理或返工。

（6）综合验收结论由总监理工程师与各方协商、确认，取得一致意见后填写。当出现意见不一致时，应由总监理工程师与各方协商，对存在的问题，提出处理意见或解决办法，待意见一致且问题解决后再填写。

分部（子分部）工程质量验收记录应一式四份，建设单位、施工单位、监理单位和城建档案管理机构各保存一份。如表 4-33 所示为主体结构分部工程质量验收记录。

表 4-33　主体结构分部工程质量验收记录

编号：02-01-C7-×××

<table>
<tr><td>单位（子单位）工程名称</td><td>××工程</td><td>子分部工程数量</td><td>2</td><td>分项工程数量</td><td>5</td></tr>
<tr><td>施工单位</td><td>××建筑工程有限公司</td><td>项目负责人</td><td>×××</td><td>技术（质量）负责人</td><td>×××</td></tr>
<tr><td>分包单位</td><td></td><td>分包单位负责人</td><td></td><td>分包内容</td><td></td></tr>
<tr><td>序号</td><td>子分部工程名称</td><td>分项工程名称</td><td>检验批数量</td><td>施工单位检查结果</td><td>监理单位验收结论</td></tr>
<tr><td>1</td><td>混凝土结构</td><td>模板</td><td>26</td><td>合格</td><td>同意验收</td></tr>
<tr><td>2</td><td>混凝土结构</td><td>钢筋</td><td>24</td><td>合格</td><td>同意验收</td></tr>
<tr><td>3</td><td>混凝土结构</td><td>混凝土</td><td>20</td><td>合格</td><td>同意验收</td></tr>
<tr><td>4</td><td>混凝土结构</td><td>现浇结构</td><td>14</td><td>合格</td><td>同意验收</td></tr>
<tr><td>5</td><td>砌体结构</td><td>填充墙砌体</td><td>8</td><td>合格</td><td>同意验收</td></tr>
<tr><td colspan="3">质量控制资料</td><td colspan="2">齐全、有效</td><td>同意验收</td></tr>
<tr><td colspan="3">安全和功能检验结果</td><td colspan="2">符合规定</td><td>同意验收</td></tr>
<tr><td colspan="3">观感质量检查结果</td><td colspan="3">好</td></tr>
<tr><td colspan="2">综合验收结论</td><td colspan="4">经检查，该分部工程符合设计及施工规范要求，同意验收。</td></tr>
<tr><td colspan="2">施工单位：
××建筑工程有限公司
项目负责人：×××
20××年××月××日</td><td colspan="2">勘察单位：
××勘察与设计院
项目负责人：×××
20××年××月××日</td><td>设计单位：
××勘察与设计院
项目负责人：×××
20××年××月××日</td><td>监理单位：
××监理有限公司
总监理工程师：×××
20××年××月××日</td></tr>
</table>

八、施工验收资料（C8）

施工验收资料的类别、名称、来源和保存单位如表 4-34 所示。

表 4-34　施工验收资料的类别、名称、来源和保存单位

类别	名称	来源	保存单位				
			建设单位	设计单位	施工单位	监理单位	城建档案管理机构
1	单位（子单位）工程竣工预验收报验表	施工单位	▲		▲		▲
2	单位（子单位）工程质量竣工验收记录	施工单位	▲	△	▲		▲
3	单位（子单位）工程质量控制资料核查记录	施工单位	▲		▲		▲
4	单位（子单位）工程安全和功能检验资料核查及主要功能抽查记录	施工单位	▲		▲		▲
5	单位（子单位）工程观感质量检查记录	施工单位	▲		▲		▲
6	施工资料移交书	施工单位	▲		▲		

（一）单位（子单位）工程竣工预验收报验表

施工单位在单位（子单位）工程完工、自检合格后，应向项目监理机构提出对该单位（子单位）工程进行竣工预验收的申请，同时提交单位（子单位）工程竣工预验收报验表。总监理工程师应组织专业监理工程师对施工单位提交的竣工资料进行审查，并对单位（子单位）工程质量进行竣工预验收。存在问题的，应要求施工单位及时整改；合格的，总监理工程师应签发单位（子单位）工程竣工预验收报验表。

施工单位填写的单位（子单位）工程竣工预验收报验表应一式三份，建设单位、施工单位和城建档案管理机构各保存一份。单位（子单位）工程竣工预验收报验表可采用表 4-35 的格式。

表 4-35　单位（子单位）工程竣工预验收报验表

编号：00-00-C8-×××

<table>
<tr><td>工程名称</td><td>××工程</td></tr>
<tr><td colspan="2">致：××监理有限公司（项目监理机构）
我方已按施工合同要求完成××工程，经自检合格，现将有关资料报上，请予以预验收。
附件：
1．工程质量验收报告。
2．工程功能检验资料。
施工单位（盖章）：××建筑工程有限公司
施工单位项目负责人（签字、加盖执业印章）：×××
20××年××月××日</td></tr>
</table>

（续表）

预验收意见： 经预验收，该工程合格，可以组织正式验收。 项目监理机构（盖章）：××监理有限公司 总监理工程师（签字、加盖执业印章）：××× 20××年××月××日

（二）单位（子单位）工程质量竣工验收记录

单位（子单位）工程质量竣工验收记录是一个建筑工程的最后一份验收资料，由施工单位填写。进行单位（子单位）工程质量竣工验收时，施工单位应同时填报单位（子单位）工程质量控制资料核查记录、单位（子单位）工程安全和功能检验资料核查及主要功能抽查记录、单位（子单位）工程观感质量检查记录，作为单位（子单位）工程质量竣工验收记录的附表。

施工单位填写单位（子单位）工程质量竣工验收记录时，分部工程验收、质量控制资料核查、安全和使用功能核查及抽查结果、观感质量验收各栏内容均由验收组成员共同逐项核查，核查确认符合要求后，由监理单位填写验收结论。单位（子单位）工程质量竣工验收记录应一式四份，建设单位、施工单位、设计单位和城建档案管理机构各保存一份。单位（子单位）工程质量竣工验收记录可采用表4-36的格式。

表4-36 单位（子单位）工程质量竣工验收记录

<table>
<tr><td colspan="2">工程名称</td><td>××工程</td><td>结构类型</td><td>框架-剪力墙</td><td>层数/建筑面积</td><td colspan="2">10层/19 900 m²</td></tr>
<tr><td colspan="2">施工单位</td><td>××建筑工程有限公司</td><td>技术负责人</td><td>×××</td><td>开工日期</td><td colspan="2">20××年××月××日</td></tr>
<tr><td colspan="2">项目负责人</td><td>×××</td><td>项目技术负责人</td><td>×××</td><td>完工日期</td><td colspan="2">20××年××月××日</td></tr>
<tr><td>序号</td><td colspan="3">项目</td><td colspan="3">验收记录</td><td>验收结论</td></tr>
<tr><td>1</td><td colspan="3">分部工程验收</td><td colspan="3">共 10 分部，经查符合设计及标准规定 10 分部</td><td>同意验收</td></tr>
<tr><td>2</td><td colspan="3">质量控制资料核查</td><td colspan="3">共 52 项，经核查符合规定 52 项</td><td>符合要求</td></tr>
<tr><td>3</td><td colspan="3">安全和使用功能核查及抽查结果</td><td colspan="3">共核查 24 项，符合规定 24 项，共抽查 15 项，符合规定 15 项，经返工处理符合规定 0 项</td><td>符合要求</td></tr>
<tr><td>4</td><td colspan="3">观感质量验收</td><td colspan="3">共抽查 28 项，达到“好”和“一般”的 28 项，经返修处理符合要求 0 项</td><td>符合要求</td></tr>
<tr><td colspan="4">综合验收结论</td><td colspan="4">同意验收</td></tr>
</table>

（续表）

参加验收单位	建设单位	监理单位	施工单位	设计单位
	××市开发公司 （盖章） 项目负责人：××× 20××年××月××日	××监理有限公司 （盖章） 总监理工程师：××× 20××年××月××日	××建筑工程有限公司 （盖章） 项目负责人：××× 20××年××月××日	××勘察与设计院 （盖章） 项目负责人：××× 20××年××月××日

（三）单位（子单位）工程质量控制资料核查记录

单位（子单位）工程质量控制资料核查是单位（子单位）工程综合验收的一项重要内容，核查目的是强调建筑结构设备性能、使用功能方面主要技术性能的检验。对一个单位（子单位）工程全面进行质量控制资料核查，可以防止局部错漏，加强工程质量控制。

单位（子单位）工程质量控制资料核查记录（完整）

单位（子单位）工程质量控制资料核查记录由施工单位按照所列质量控制资料的种类、名称进行自查，并填写份数，然后提交给监理单位验收。监理单位应按分部（子分部）工程逐项核查，独立得出核查结论。核查后，核查人员应在核查意见栏中填写对资料核查后的具体意见，并在核查人栏中签字。结论应由总监理工程师填写。单位（子单位）工程质量控制资料核查记录应一式三份，建设单位、施工单位和城建档案管理机构各保存一份。单位（子单位）工程质量控制资料核查记录（部分）可采用表4-37的格式。

表4-37　单位（子单位）工程质量控制资料核查记录（部分）

工程名称		××工程	施工单位		××建筑工程有限公司		
序号	项目	资料名称	份数	施工单位		监理单位	
				核查意见	核查人	核查意见	核查人
1	建筑与结构	图纸会审记录、设计变更通知单、工程洽商记录	50	齐全有效	×××	符合要求	×××
2		工程定位测量、放线记录	40	齐全有效		符合要求	
3		原材料出厂合格证书及进场检验、试验报告	55	齐全有效		符合要求	
4		施工试验报告及见证检测报告	60	齐全有效		符合要求	
5		隐蔽工程验收记录	120	齐全有效		符合要求	
6		施工记录	10	齐全有效		符合要求	
7		地基、基础、主体结构检验及抽样检测资料	12	齐全有效		符合要求	
8		分项、分部工程质量验收记录	25	齐全有效		符合要求	
9		工程质量事故调查处理资料					
10		新技术论证、备案及施工记录					
11							

（续表）

<table>
<tr><td>结论：
验收合格。
施工单位项目负责人：×××　　　　　　　　总监理工程师：×××
20××年××月××日　　　　　　　　20××年××月××日</td></tr>
</table>

（四）单位（子单位）工程安全和功能检验资料核查及主要功能抽查记录

为确保建筑工程投入使用时的安全，以及满足功能性要求，涉及安全和使用功能的分部工程应有检验资料，并进行强化验收，对主要功能进行抽查。安全和使用功能的检测，如果条件具备，应在分部工程验收时进行。分部工程验收时做过的安全和使用功能检测项目，单位工程竣工验收时不再重复检测，只核查检测报告是否符合有关规定。

单位（子单位）工程安全和功能检验资料核查及主要功能抽查记录由施工单位按所列内容检查并填写份数后，提交给监理单位。总监理工程师组织核查、抽查并填写核查意见、抽查结果及结论。单位（子单位）工程安全和功能检验资料核查及主要功能抽查记录应一式三份，建设单位、施工单位和城建档案管理机构各保存一份。单位（子单位）工程安全和功能检验资料核查及主要功能抽查记录（部分）可采用表4-38的格式。

单位（子单位）工程安全和功能检验资料核查及主要功能抽查记录（完整）

表4-38　单位（子单位）工程安全和功能检验资料核查及主要功能抽查记录（部分）

<table>
<tr><td colspan="2">工程名称</td><td>××工程</td><td colspan="2">施工单位</td><td colspan="2">××建筑工程有限公司</td></tr>
<tr><td>序号</td><td>项目</td><td>安全和功能检查项目</td><td>份数</td><td>核查意见</td><td>抽查结果</td><td>核查（抽查）人</td></tr>
<tr><td>1</td><td rowspan="6">给排水与供暖</td><td>给水管道通水试验记录</td><td>3</td><td>完整</td><td></td><td rowspan="6">×××</td></tr>
<tr><td>2</td><td>暖气管道、散热器压力试验记录</td><td>4</td><td>完整</td><td></td></tr>
<tr><td>3</td><td>卫生器具满水试验记录</td><td>2</td><td>完整</td><td></td></tr>
<tr><td>4</td><td>消防管道、燃气管道压力试验记录</td><td>3</td><td>完整</td><td>抽查合格</td></tr>
<tr><td>5</td><td>排水干管通球试验记录</td><td>1</td><td>完整</td><td></td></tr>
<tr><td>6</td><td></td><td></td><td></td><td></td></tr>
<tr><td colspan="7">结论：
检验资料完整，抽查结果符合相关专业验收规范的规定。
施工单位项目负责人：×××　　　　　　　　总监理工程师：×××
20××年××月××日　　　　　　　　20××年××月××日</td></tr>
</table>

（五）单位（子单位）工程观感质量检查记录

工程观感质量检查是在工程全部竣工后进行的一项重要验收工作，是全面评价一个单位（子单位）工程的外观及使用功能质量，促进施工管理，加强成品保护，提高社会效益和环境效益的有效措施。观感质量检查不仅仅是外观检查，而是对工程的一个全面检查。

单位（子单位）工程外观质量检查记录（完整）

单位（子单位）工程观感质量检查记录由总监理工程师组织参加检查的各方代表，按照表中所列内容，共同检查，协商得出质量评价、综合评价和检查结论意见。其中，抽查质量状况可填写具体抽查数据，当数据少时，可直接将抽查数据填在表格内，当数据多时，可简要描述抽查的质量状况，但应将抽查原始记录附在表后面。单位（子单位）工程观感质量检查记录应一式三份，建设单位、施工单位和城建档案管理机构各保存一份。单位（子单位）工程观感质量检查记录（部分）可采用表 4-39 的格式。

表 4-39　单位（子单位）工程观感质量检查记录（部分）

<table>
<tr><td colspan="2">工程名称</td><td>××工程</td><td>施工单位</td><td colspan="2">××建筑工程有限公司</td></tr>
<tr><td>序号</td><td colspan="2">项目</td><td colspan="2">抽查质量状况</td><td>质量评价</td></tr>
<tr><td>1</td><td rowspan="4">建筑电气</td><td>配电箱、盘、板、接线盒</td><td colspan="2">共检查 20 点，好 18 点，一般 2 点，差 0 点</td><td>好</td></tr>
<tr><td>2</td><td>设备器具、开关、插座</td><td colspan="2">共检查 40 点，好 25 点，一般 15 点，差 0 点</td><td>一般</td></tr>
<tr><td>3</td><td>防雷、接地、防火</td><td colspan="2">共检查 5 点，好 5 点，一般 0 点，差 0 点</td><td>好</td></tr>
<tr><td>4</td><td></td><td colspan="2"></td><td></td></tr>
<tr><td colspan="3">观感质量综合评价</td><td colspan="3">好</td></tr>
<tr><td colspan="6">检查结论：
观感质量综合评价为好，验收合格。
施工单位项目负责人：×××　　　　总监理工程师：×××
20××年××月××日　　　　20××年××月××日</td></tr>
</table>

（六）施工资料移交书

施工资料移交书是施工单位将施工资料移交建设单位管理的证明文件。工程完工后，施工单位应按合同或协议约定的时间，至少向建设单位移交两套施工资料原件，并按要求填写施工资料移交书，双方签字盖章办理移交手续。施工资料移交书应一式两份，建设单位和施工单位各保存一份。施工资料移交书可采用表 4-40 的格式。

表 4-40 施工资料移交书

编号：00-00-C8-×××

工程名称	××工程		
移交单位	××建筑工程有限公司	建设单位	××市开发公司
移交单位向接收单位移交建筑工程施工资料 3 套，共计 40 册，其中包括文字资料 35 册，图样资料 4 册，其他资料 1 册。 附：移交明细表。			
移交单位（盖章）：××建筑工程有限公司		接收单位（盖章）：××市开发公司	
项目负责人（签字）：×××		部门负责人（签字）：×××	
移交人（签字）：××× 联系电话：××××		接收人（签字）：××× 联系电话：××××	
移交时间：20××年××月××日		接收时间：20××年××月××日	

为了确保施工资料的管理精准、高效，各部门之间需要密切配合与协作。在这个过程中，信息传递的准确性和及时性显得尤为重要。为了实现这一目标，团队成员必须共同秉持明确的目标，通过积极、有效的沟通来解决可能出现的分歧，从而提升整体的工作效率。同时，为了确保施工资料的真实性和完整性，每个团队成员都应保持客观、严谨的工作态度。这种态度是确保施工资料准确无误的基础，也是提升项目管理水平的关键。

通过强化团队成员之间的合作与沟通协作，我们不仅能够提高施工资料的管理水平，还能够为完成高质量、高效率的施工项目奠定坚实的基础。

项目实施——分析施工资料管理流程中的问题

1. 实施背景

某市新兴住宅区，占地面积达100 000 m²，总建筑面积为300 000 m²，包括 10 栋高层住宅楼、社区中心、幼儿园等配套设施。该建筑工程的施工任务由甲施工单位负责，乙监理单位被委托进行监理工作。在施工过程中，发生了如下事件。

事件 1：开工前，甲施工单位组织了图纸会审，乙监理单位进行了设计交底。

事件 2：因工期紧张，甲施工单位在尚未取得建设工程施工许可证的情况下，便向乙监理单位提交了工程开工报审表。总监理工程师在接到甲施工单位的工程开工报审表后，签字同意了甲施工单位的开工请求。

事件 3：施工过程中，甲施工单位准备将装饰装修工程分包给具有相应资质的丙装饰装修单位。

2. 实施步骤

（1）根据实施背景，学生以小组为单位组织讨论以下问题。

① 事件 1 中，甲施工单位和乙监理单位的做法是否妥当？请说明理由。

② 事件 2 中，总监理工程师在甲施工单位尚未取得建设工程施工许可证的情况下，签字同意甲施工单位开工请求的行为是否合法？此行为可能导致该建筑工程面临哪些问题？

③ 事件 3 中，监理单位在甲施工单位准备将装饰装修工程分包给丙装饰装修单位时，应如何履行其监理职责？

（2）各小组选派代表对上述问题进行回答。

（3）指导教师对各组的回答进行点评。

问题分析提示

① 事件 1 中，甲施工单位和乙监理单位的做法不妥当。图纸会审是在建筑工程正式开工前，由建设单位组织，监理单位、设计单位和施工单位共同参与，对图纸的合法性、完整性、准确性、统一性、施工可行性等进行的会审。图纸会审一般先由设计单位进行设计交底，然后各单位相关技术人员按工种分组进行图纸会审，对提出的问题应记录准确、详细，分组会审完后再进行各工种间的综合协调，避免出现矛盾与遗漏。

② 事件 2 中，总监理工程师在甲施工单位尚未取得建设工程施工许可证的情况下，签字同意甲施工单位开工请求的行为不合法。

这一行为可能导致该建筑工程面临以下问题。

a．该建筑工程未经许可擅自开工，可能受到相关部门的处罚。

b．未经许可和审查就开工，可能增加该建筑工程质量和安全方面的风险。

c．可能影响该建筑工程的竣工验收和后续手续的办理。

③ 事件 3 中，监理单位在甲施工单位准备将装饰装修工程分包给丙装饰装修单位时，应严格审核丙单位的施工资质与施工能力，确保其符合要求。同时，监理单位还应审核分包合同的合法性和合理性，确保分包工程符合相关法律法规和合同的约定。在分包工程实施过程中，监理单位应加强对分包工程的质量、进度和安全等方面的监督和管理，确保分包工程符合设计要求和质量标准。

项目综合考核

1. 填空题

（1）施工现场质量管理检查记录中的检查结论应由____________________填写。

（2）分包单位资质报审表由________________填写。

（3）施工日志应以________________为记载对象，从工程开工起至工程竣工止，按专业指定专人负责逐日记载。

（4）图纸会审应由________________组织监理单位、设计单位和施工单位项目负责人及有关人员参加。

（5）工程洽商记录应分________________办理，不同专业的洽商应分别办理，不得办理在同一份文件上。

（6）砌筑砂浆试块强度统计、评定记录应按________________进行统计汇总。

（7）结构实体混凝土强度验收记录由__________________、__________________、____________________和____________________保存。

（8）分项工程质量验收记录由____________________组织项目专业技术负责人等进行验收和签字。

2. 选择题

（1）建筑用途属于工程概况表内容中的（　　）部分。

A. 一般情况　　B. 构造特征　　C. 机电系统　　D. 其他

（2）分项工程施工技术交底应由（　　）对专业施工班组进行交底。

A. 项目经理　　B. 专业工长

C. 设计人员　　D. 总监理工程师

（3）材料、构配件进场检验记录应在材料进场验收通过后（　　）天内提交。

A. 1　　B. 2　　C. 3　　D. 4

（4）隐蔽工程验收记录由（　　）填写。

A. 建设单位　　B. 监理单位　　C. 施工单位　　D. 设计单位

（5）施工检查记录中的检查结论应由（　　）填写。

A. 专业质量检查员　　B. 设计人员

C. 专业工长　　D. 专业技术负责人

（6）工程定位测量记录由（　　）报规划行政管理部门验线。

A. 施工单位　　B. 监理单位　　C. 设计单位　　D. 建设单位

（7）回填土压实后的干密度，应有（　　）以上符合设计要求。

A．80%　　B．85%　　C．90%　　D．95%

（8）检验批质量验收记录应由（　　）填写。

A．建设单位　　B．监理单位　　C．施工单位　　D．设计单位

（9）单位（子单位）工程质量竣工验收记录中的验收结论由（　　）填写。

A．建设单位　　B．监理单位　　C．施工单位　　D．设计单位

3．简答题

（1）施工管理资料包括哪些？

（2）分包单位资质审查的内容有哪些？

（3）简述施工组织设计及施工方案的编制和审批要求。

（4）什么是隐蔽工程？

（5）什么是基槽验线？

4．案例分析题

某市为了缓解交通压力，决定建设城市地铁 1 号线。地铁线路穿越市中心繁华区域，该区域地下管线错综复杂，为施工带来了极大的挑战。施工单位从项目初期就特别注重质量管理和风险控制。

（1）在关键标段中，施工单位发现一批钢筋材料质量不达标，立即退货并启动了紧急采购程序，及时采购了符合要求的钢筋材料，确保工程进度。

（2）在某次隐蔽工程验收中，验收组发现有一处管道保护措施出现了破损，且周围土体有下沉趋势。施工单位立即停工，并召集专家进行现场评估。经过专家们的深入分析和讨论，认为这是由于管道保护措施施工不当导致的。为了及时纠正这一错误，施工单位迅速制订了整改措施，加强了对管道的保护措施，并重新进行了验收。

（3）在某次检验批质量验收中，验收组发现某段开挖面存在超挖现象，且边坡稳定性较差。这一问题同样对建筑工程的安全性构成了威胁。面对这一问题，施工单位再次展现出了高度的责任感和行动力。他们立即组织专家进行现场评估，并制订了详细的补救措施。经过加固处理和技术改进，开挖面的质量得到了显著提高，并顺利通过了复验。

问题：

（1）材料质量控制的重要性体现在哪些方面？

（2）在隐蔽工程验收中发现质量问题后，应采取哪些紧急措施和后续处理流程？

（3）从上述案例中，我们可以得到哪些启示？

项目综合评价

指导教师根据学生对本项目的实际学习成果进行评价，学生配合指导教师完成如表 4-41 所示的学习成果评价表。

表 4-41　学习成果评价表

<table>
<tr><td>班级</td><td></td><td>组号</td><td></td><td>日期</td><td></td></tr>
<tr><td>姓名</td><td></td><td>学号</td><td></td><td>指导教师</td><td></td></tr>
<tr><td>项目名称</td><td colspan="5">管理施工资料</td></tr>
<tr><td>项目评价</td><td colspan="3">评价内容</td><td>满分/分</td><td>评分/分</td></tr>
<tr><td rowspan="8">知识
（40%）</td><td colspan="3">施工管理资料</td><td>5</td><td></td></tr>
<tr><td colspan="3">施工技术资料</td><td>5</td><td></td></tr>
<tr><td colspan="3">进度造价资料</td><td>5</td><td></td></tr>
<tr><td colspan="3">施工物资资料</td><td>5</td><td></td></tr>
<tr><td colspan="3">施工记录资料</td><td>5</td><td></td></tr>
<tr><td colspan="3">施工试验记录及检测资料</td><td>5</td><td></td></tr>
<tr><td colspan="3">施工质量验收资料</td><td>5</td><td></td></tr>
<tr><td colspan="3">施工验收资料</td><td>5</td><td></td></tr>
<tr><td rowspan="2">技能
（40%）</td><td colspan="3">能够收集和整理施工资料</td><td>20</td><td></td></tr>
<tr><td colspan="3">能够填写常用施工资料</td><td>20</td><td></td></tr>
<tr><td rowspan="4">素质
（20%）</td><td colspan="3">积极参加教学活动，主动学习、思考、讨论</td><td>5</td><td></td></tr>
<tr><td colspan="3">逻辑清晰，准确理解和分析问题</td><td>5</td><td></td></tr>
<tr><td colspan="3">认真负责，按时完成学习、实践任务</td><td>5</td><td></td></tr>
<tr><td colspan="3">团结协作，与组员之间密切配合</td><td>5</td><td></td></tr>
<tr><td colspan="4">合计</td><td>100</td><td></td></tr>
<tr><td>自我评价</td><td colspan="5"></td></tr>
<tr><td>指导教师评价</td><td colspan="5"></td></tr>
</table>

项目五

管理竣工图及工程竣工资料

项目导读

竣工图及工程竣工资料不仅是建筑工程的重要历史记录，也是未来维护、改造、扩建等工作的基础。为了确保建筑工程的顺利完成和后续使用的顺利进行，必须高度重视竣工图及工程竣工资料的管理工作。

本项目主要介绍竣工图及工程竣工资料的基本管理要求。

项目要求

知识目标

（1）掌握竣工图的基本管理要求。

（2）掌握工程竣工资料的基本管理要求。

技能目标

（1）能够收集和整理竣工图及工程竣工资料。

（2）能够填写工程竣工资料。

素质目标

（1）培养严谨细致、精益求精的职业精神。

（2）养成积极沟通、有效协作的工作习惯。

班级＿＿＿＿＿＿ 姓名＿＿＿＿＿＿ 学号＿＿＿＿＿＿

项目工单

1．思维导图

思维导图（见图 5-1）清晰地呈现出了本项目的学习要点。请学生根据思维导图来预习相关知识，以便更有针对性地学习。

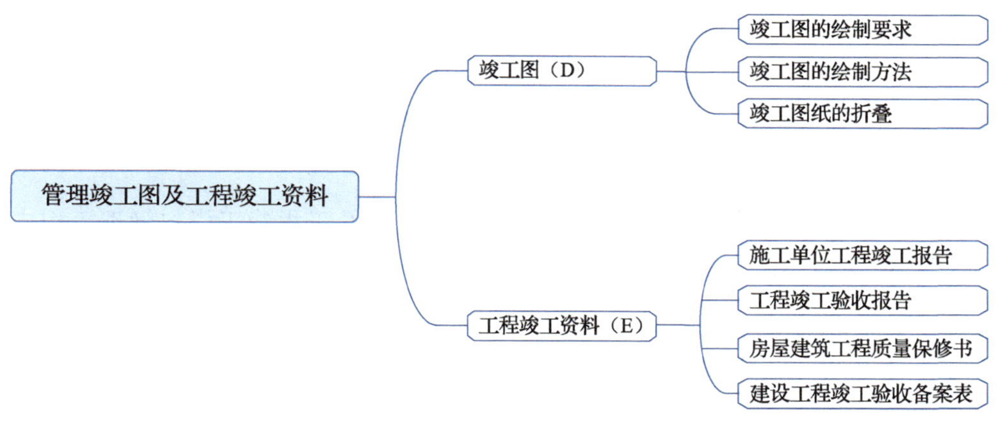

图 5-1　思维导图

2．小组分工

以 3～5 人为一组，选出组长并进行分工，将小组成员及分工情况填入表 5-1 中。

表 5-1　小组成员及分工情况

<table>
<tr><td>班级</td><td></td><td>组号</td><td></td><td>指导教师</td><td></td></tr>
<tr><td>小组成员</td><td>姓名</td><td>学号</td><td colspan="3">分工</td></tr>
<tr><td>组长</td><td></td><td></td><td colspan="3"></td></tr>
<tr><td rowspan="4">组员</td><td></td><td></td><td colspan="3"></td></tr>
<tr><td></td><td></td><td colspan="3"></td></tr>
<tr><td></td><td></td><td colspan="3"></td></tr>
<tr><td></td><td></td><td colspan="3"></td></tr>
</table>

3．工作准备

将实施过程中所需资料的信息填入表 5-2 中。

班级________ 姓名________ 学号________

表 5-2　实施过程中所需资料的信息

序号	资料名称	编号	备注

4. 成长记录

学习本项目后，学生可以通过实训“分析竣工图及工程竣工资料管理流程中的问题”来巩固所学的知识，也可将学习过程中遗漏的要点、遇到的问题和解决方法等记录于表 5-3 中。

表 5-3　成长记录表

（可在此处记录学习过程中遗漏的要点、遇到的问题和解决方法等。）

项目引入

在繁忙的建筑工地上，张工程师正带领团队紧张地进行最后的收尾工作。随着最后一块砖石落下，一栋高楼圆满竣工。然而，随之而来的是另一项重要任务——绘制竣工图及填写工程竣工资料。

夜深人静，办公室灯光依旧，张工程师对着电脑屏幕，逐项核对每一项数据，确保图纸无误、资料详尽。他深知，这些资料不仅是建筑工程的“身份证”，更是建筑工程未来维护、改造的基石。每一笔、每一划，都承载着他对建筑工程的热爱与责任。

经过连续数日的不懈努力，竣工图及工程竣工资料终于完成。在厚厚的资料集递交的那一刻，张工程师松了一口气，眼中闪烁着满足的光芒。这些资料，不仅记录了建筑工程的辉煌成就，更见证了他与团队的不懈奋斗。

思考 竣工图应如何绘制？工程竣工资料包括哪些？应如何填写？

一、竣工图（D）

竣工图是真实记录建筑工程施工结果的图样。它是建筑工程竣工档案的重要组成部分，是工程竣工验收的必备条件之一，也是建筑工程维修、管理、改建和扩建的依据。一般情况下，设计单位在施工图设计完成后，将其交付给施工单位组织实施，施工单位在施工过程中会对原设计进行一些变更与修改，因此，在各项新建、改建、扩建建筑工程竣工之后必须绘制竣工图。

竣工图可由建设单位组织绘制，也可由建设单位委托施工、监理、设计等单位绘制。建设单位将建筑工程分包给几个施工单位时，各施工单位应负责绘制各自承包建筑工程的竣工图，建设单位负责审查、整理和汇总。竣工图的类别、名称、来源和保存单位如表 5-4 所示。

表 5-4　竣工图的类别、名称、来源和保存单位

类别	名称	来源	保存单位				
			建设单位	设计单位	施工单位	监理单位	城建档案管理机构
1	建筑竣工图	绘制单位	▲		▲		▲
2	结构竣工图	绘制单位	▲		▲		▲
3	钢结构竣工图	绘制单位	▲		▲		▲

（续表）

类别	名称	来源	保存单位				
			建设单位	设计单位	施工单位	监理单位	城建档案管理机构
4	幕墙竣工图	绘制单位	▲		▲		▲
5	室内装饰竣工图	绘制单位	▲		▲		
6	建筑给水排水及供暖竣工图	绘制单位	▲		▲		▲
7	建筑电气竣工图	绘制单位	▲		▲		▲
8	智能建筑竣工图	绘制单位	▲		▲		▲
9	通风与空调竣工图	绘制单位	▲		▲		▲
10	室外工程竣工图	绘制单位	▲		▲		▲
11	规划红线内的室外给水、排水、供热、供电、照明管线等竣工图	绘制单位	▲		▲		▲
12	规划红线内的道路、园林绿化、喷灌设施等竣工图	绘制单位	▲		▲		▲

（一）竣工图的绘制要求

（1）竣工图应与工程实际相一致。

（2）竣工图的图纸应为蓝图或绘图仪绘制的白图，不得使用复印件。

（3）竣工图应字迹清晰并与施工图比例一致。

（4）竣工图应有图纸目录，且图纸目录所列的图纸数量、图号、图名应与竣工图内容相符。

（5）竣工图应使用国家法定计量单位，其文字和字符应符合相关规定。

（6）竣工图章、竣工图图签的签字应齐全有效。

（7）绘制竣工图应使用绘图工具、绘图笔或签字笔，不得使用圆珠笔或其他容易褪色的墨水笔。

（8）竣工图的形成应符合以下要求。

① 没有工程变更、按原施工图施工的，可在原施工图上加盖竣工图章形成竣工图。

② 工程变更不大的，可将设计变更通知单和工程变更洽商记录的内容直接改绘在原施工图上，并在改绘部位注明修改依据，加盖竣工图章形成竣工图。

③ 工程变更较大、不宜在原施工图上直接修改的，可另外绘制修改图，修改图应注明修改依据、所涉及的原施工图图号、修改部位，并应有图名、图号。原施工图和修改图均应加盖竣工图章形成竣工图。

（9）竣工图章应加盖在竣工图图签上方空白处，竣工图章应清晰。竣工图章的内容应符合相关规定，竣工图章各栏应签署齐全。

（二）竣工图的绘制方法

竣工图的绘制方法有利用施工蓝图改绘、利用翻晒硫酸纸底图改绘、重新绘制和利用电子版施工图改绘等 4 种。

1. 利用施工蓝图改绘

利用施工蓝图改绘是直接在原有的施工蓝图上进行修改和补充，以反映实际施工过程中的变更和完成情况。利用施工蓝图改绘一般采用杠（划）改法或叉改法，局部变更可以圈出变更部位，并在原施工蓝图空白处绘出变更内容。所有变更部位均应注明变更依据，注明变更依据时必须加画带箭头的索引线。

利用施工蓝图改绘时，不得使用涂改液涂抹、刀刮、补贴等方法修改图纸。具体的改绘方法可视图面、改动范围和位置、繁简程度等实际情况而定，以下是常见的利用施工蓝图改绘方法的说明。

1）取消的内容

（1）尺寸、门窗型号、钢筋型号和数量、灯具型号、设备型号、注解说明等数字、文字、符号的取消，可采用杠（划）改法，即将取消的数字、文字、符号等用横杠杠掉，并从图上修改处引出带箭头的索引线，在索引线上注明修改依据。如图 5-2 所示，若在平面图中 Z16（Z17）柱断面处取消（Z17），可将（Z17）和有关的尺寸用杠（划）改法去掉，并注明修改依据。

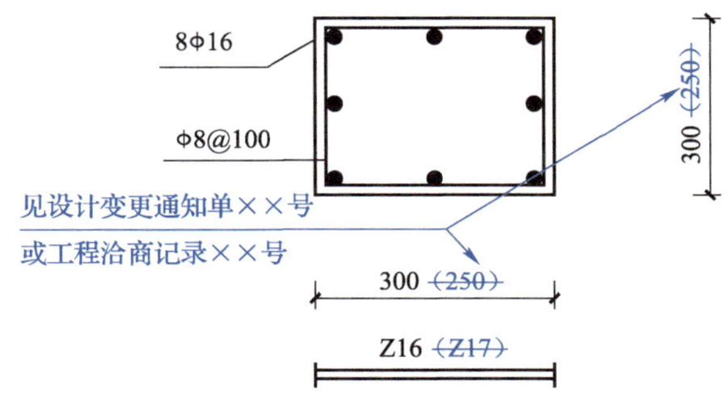

图 5-2 杠（划）改法范例

（2）隔墙、门窗、钢筋、灯具、设备等的取消，可采用叉改法，即在图上将取消的部分画“×”，若取消的部分较长时，可视情况画多个“×”，并从图上修改处引出带箭头的索引线，在索引线上注明修改依据，如图 5-3 所示。

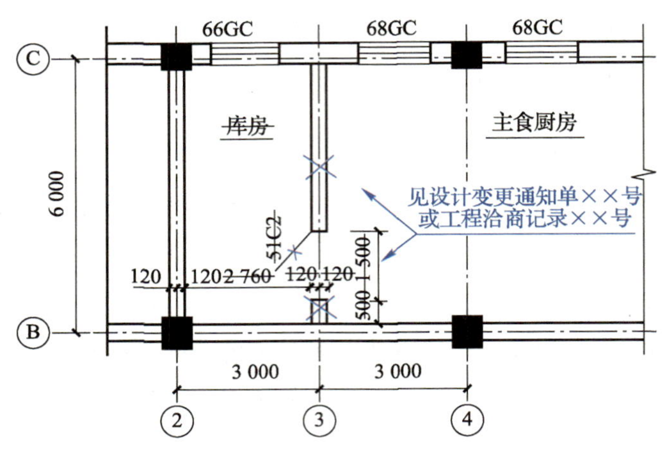

图 5-3　叉改法范例

2）增加的内容

在建筑物的某一部位增加隔墙、门窗、钢筋、灯具、设备等时，均应在图上绘出，并注明修改依据。若增加的内容在原图相关位置无法绘制清楚，可将修改内容绘制在本图纸其他空白处，并做好索引说明。若本图纸没有其他空白处，可在原图变更部位索引说明，如具体修改内容见××图，并新增一张图纸用于绘制补充修改的内容，新增图纸要有图名和图号，图名和图号应与原图名和图号相关联。新增修改图可采用计算机绘制，绘制完成可直接输出白图，也可制成蓝图，图幅不得小于 A3。

3）添加说明

竣工图绘制能以图示说明变更内容的，不再加写文字说明，如果图示无法说明清楚的，可加写文字说明。例如，设计说明、钢筋代换、混凝土强度等级、装修做法、设备型号等变更，可在相关图纸上以文字形式概括说明。

2．利用翻晒硫酸纸底图改绘

利用翻晒硫酸纸底图改绘是在原硫酸纸图上依据设计变更、工程洽商等内容用刮改法进行绘制，即先用刀片将需要修改的部位刮掉，再用绘图笔绘制修改内容，并在图中空白处做修改依据备考表，注明设计变更、工程洽商的编号和修改内容，最后晒成蓝图，加盖竣工图章。若修改的部位用语言描述不清楚，可用细实线在图上画出修改范围。

3．重新绘制

当图纸变更内容较多时，应重新绘制竣工图。重新绘制的竣工图应与原图比例相同，符合相关的制图标准和要求，并有标准的图框和内容齐全的图签，图签中应有明确的竣工图字样或加盖竣工图章。

4. 利用电子版施工图改绘

利用电子版施工图改绘是将图纸变更内容直接改绘到电子版施工图中，用云线圈出修改部位，并附修改依据备考表。

由设计院绘制的竣工图，在设计图签中要明确标注竣工阶段，并应有绘图人、审核人的签字，出图日期应为竣工阶段时间，不再加盖竣工图章。

（三）竣工图纸的折叠

竣工图纸的折叠应符合下列规定。

（1）竣工图纸折叠前，应按如图 5-4 所示的裁图线裁剪整齐，图纸幅面应符合表 5-5 的规定。

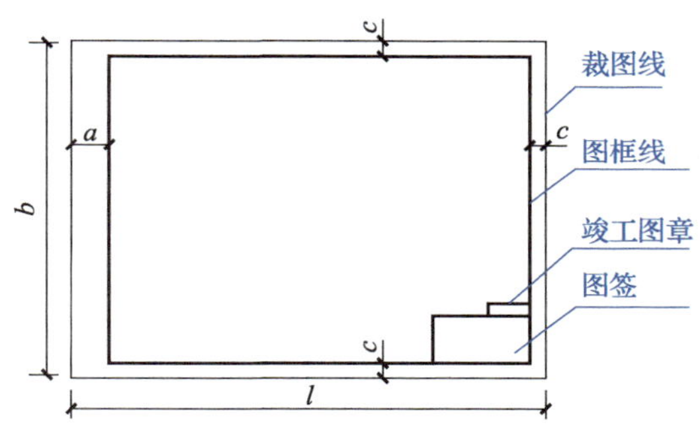

图 5-4　图框及图纸边线尺寸示意图

表 5-5　图幅代号及尺寸　单位：mm

基本图幅代号	A0	A1	A2	A3	A4
$b \times l$	841×1189	594×841	420×594	297×420	297×210
c	10			5	
a	25				

（2）竣工图折叠时图面应折向内侧成手风琴风箱式。

（3）折叠后图纸幅面尺寸应以 A4 图纸为标准。

（4）图签及竣工图章应露在外面。

（5）A3～A0 图纸应在装订边 297 mm 处折一三角或剪一缺口，并折进装订边。

（6）A3～A0 图纸可分别按图 5-5～5-8 所示方法折叠。图中序号表示折叠次序，虚线表示折起的部分。

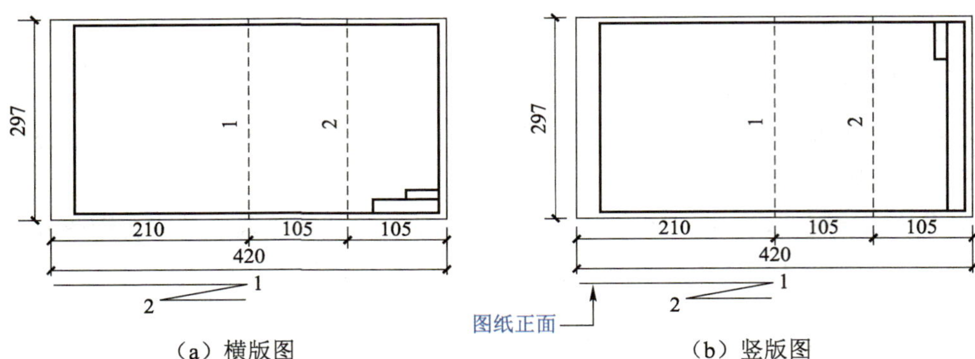

图 5-5　A3 图纸折叠示意图

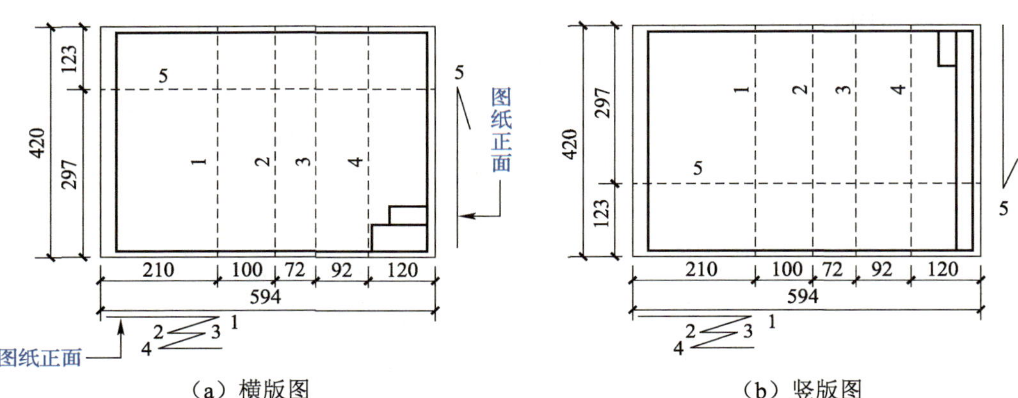

图 5-6　A2 图纸折叠示意图

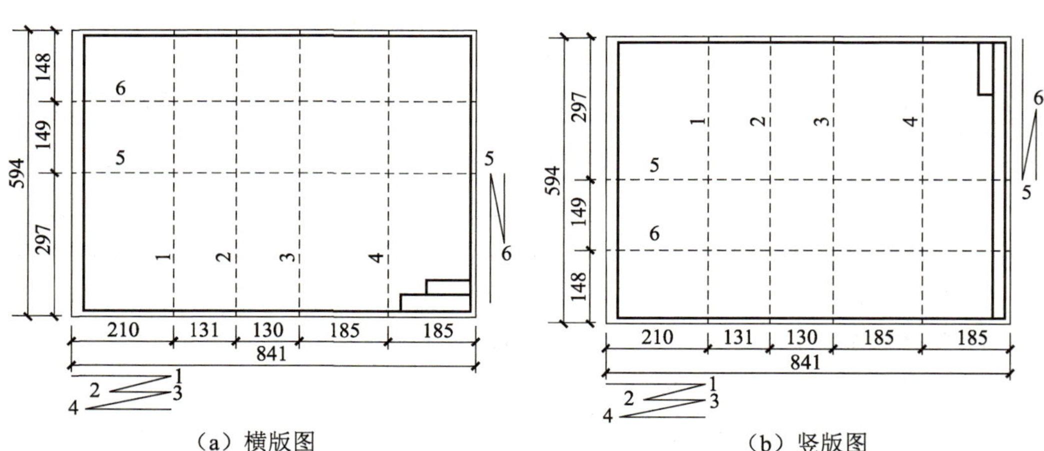

图 5-7　A1 图纸折叠示意图

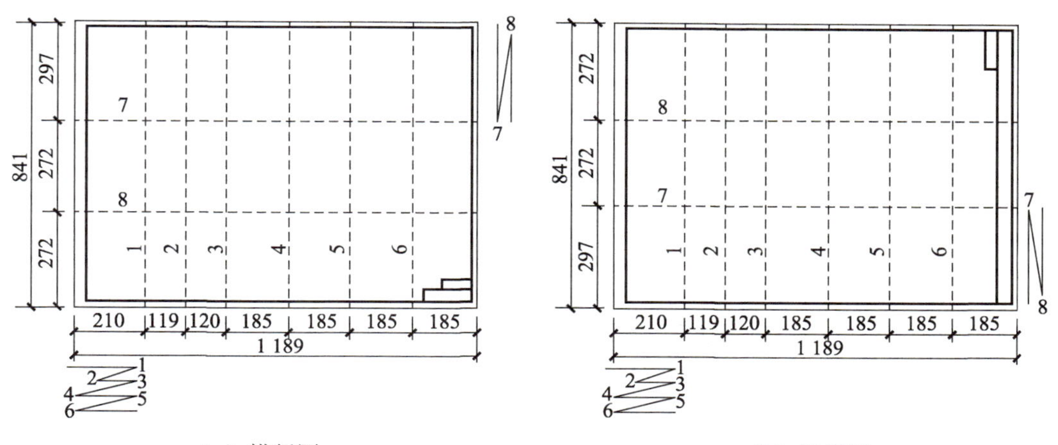

（a）横版图　（b）竖版图

图 5-8　A0 图纸折叠示意图

二、工程竣工资料（E）

工程竣工资料的类别、名称、来源和保存单位如表 5-6 所示。

表 5-6　工程竣工资料的类别、名称、来源和保存单位

类别	名称	来源	保存单位				
			建设单位	设计单位	施工单位	监理单位	城建档案管理机构
竣工验收与备案文件（E1）							
1	勘察单位工程质量检查报告	勘察单位	▲		△	△	▲
2	设计单位工程质量检查报告	设计单位	▲	▲	△	△	▲
3	施工单位工程竣工报告	施工单位	▲		▲	△	▲
4	监理单位工程质量评估报告	监理单位	▲		△	▲	▲
5	工程竣工验收报告	建设单位	▲	▲	▲	▲	▲
6	工程竣工验收会议纪要	建设单位	▲	▲	▲	▲	▲
7	专家组竣工验收意见	建设单位	▲	▲	▲	▲	▲
8	工程竣工验收证书	建设单位	▲	▲	▲	▲	▲
9	规划、消防、环保、民防、防雷、档案等部门出具的验收文件或意见	政府主管部门	▲	▲	▲	▲	▲
10	房屋建筑工程质量保修书	施工单位	▲				▲
11	住宅质量保证书、住宅使用说明书	建设单位	▲		▲		▲
12	建设工程竣工验收备案表	建设单位	▲	▲	▲	▲	▲
13	城市建设档案移交书	建设单位	▲				▲

（续表）

类别	名称	来源	保存单位				
			建设单位	设计单位	施工单位	监理单位	城建档案管理机构
竣工决算文件（E2）							
1	施工决算文件	施工单位	▲		▲		△
2	监理决算文件	监理单位	▲			▲	△
工程声像资料等（E3）							
1	开工前原貌、施工阶段、竣工新貌照片	建设单位	▲		△	△	▲
2	工程建设过程的录音、录像资料（重大工程）	建设单位	▲		△	△	▲

下面重点介绍施工单位工程竣工报告、工程竣工验收报告、房屋建筑工程质量保修书和建设工程竣工验收备案表。

（一）施工单位工程竣工报告

施工单位工程竣工报告由施工单位填写，具体形式由施工单位自行确定。

施工单位在填写施工单位工程竣工报告时，首先，应简要描述工程的规模，包括建筑面积、建筑层数、土方量等信息；接着，应标明施工主要依据，包括施工合同名称及备案编号、设计图纸及其编号，并说明施工执行的主要标准；随后，在工程施工情况部分，应详细说明人员组织情况、项目专业分包情况、工程施工过程、工程施工技术措施及质量验收情况、工程完成情况等信息；最后，对工程质量进行总体评价，明确说明工程是否达到设计要求，是否符合国家工程施工质量验收规范，是否达到施工合同的质量目标，以及是否具备工程竣工验收条件。

施工单位工程竣工报告应一式四份，建设单位、施工单位、监理单位和城建档案管理机构各保存一份。施工单位工程竣工报告可采用表 5-7 的格式。

表 5-7　施工单位工程竣工报告

××工程竣工报告
我单位承建的××工程，按照设计要求和施工合同要求已经完工，并经我单位质检部门检查达到了合格标准，具备工程竣工验收条件。具体情况如下。 一、工程概况 建筑面积 4 400 m^2，钢筋砼独立板基础，主体为五层带阁楼，底框/砖混结构，坡屋面。工程共有三个单元，各层高度均为 2.9 m，储藏室高度为 2.19 m。基础垫层为 C30 砼，除厨房、卫生间现浇板采用 C20 抗渗等级为 S6 的防水砼外，其余砼构件均采用 C20 砼。外墙转角处、内墙交接处及楼梯间均设构造柱，层层设圈梁，楼板为现浇板。基础砌体采用 M10 水泥砂浆。一至五层采用 M10 混合砂浆，阁楼层采用 M7.5 混合砂浆，砌体采用 MU10 烧结多孔砖砌筑。坡屋面为平瓦屋面，平屋面采用卷材防水屋面，防水卷材采用 TS。外墙涂建筑涂料。

（续表）

本工程建筑等级类别为二类，抗震等级为四级，耐火等级为二级，由××市勘察与设计院进行勘察与设计，××监理有限公司监理。 二、施工主要依据 （1）××工程施工合同，备案编号：××××。 （2）设计图纸，编号：××××。 （3）××工程施工组织设计方案。 （4）主要标准（略）。 三、工程施工情况 1．施工方法 本工程为五层底框/砖混结构，属于常见的建筑结构，垂直运输采用两台 QTG25 塔吊，混凝土搅拌采用 JZC-350 型搅拌机。本工程采用以施工组织设计方案为主要指导、各种作业指导书（技术交底）为辅助的施工方法。 2．施工质量 （1）基础工程。本工程基础为 C30 砼筏板基础，MU10 烧结多孔砖，M10 水泥砂浆，基础砼在浇筑过程中，计量、搅拌、振捣都已按照操作规程和施工规范进行，基础分部工程评定资料齐全，工程质量达到了合格标准，被建设单位、设计单位、监理单位综合评定为合格分部工程。 （2）主体工程。 ① 主体结构采用 MU10 烧结多孔砖，M10、M7.5 混合砂浆，C20 砼柱、梁、板。钢筋、水泥、砖、砂石等原材料均有合格证、检测报告，进场后均按规范要求见证取样进行复试检验，检验结果符合规范要求。 ② 砌筑砂浆严格按照配合比通知单要求配料，砂浆饱满度、组砌方法、砌筑质量均符合规范要求，并按照要求留置试块，经过试压检查，结果合格。 ③ 砼工程的原材料计量、搅拌、振捣、钢筋绑扎、模板安装都按照操作规程和规范要求进行施工，钢筋规格、型号、数量均符合设计要求，按照规范留置试块，经过试压检查，结果合格。 建设单位、设计单位、监理单位对主体工程进行了验收，达到合格标准，主体工程等级评定为合格。 （3）屋面工程。坡屋面铺水泥瓦，找平层、保温层无裂缝空鼓现象，厚度、配合比符合设计要求，屋面防水采用防水砂浆防水层，施工方法符合规范要求，材料合格证、检测报告齐全，屋面坡度符合设计要求，经 24 h 淋水试验无渗漏现象。该分部工程经建设单位组织验收后达到合格标准。 （4）装饰装修工程。 ① 楼地面工程。客厅、卧室、阳台地面为水泥砂浆楼地面，水泥砂浆试件按要求留置，经试验后符合强度标准。厨房、卫生间地面采用防水砂浆防水层，防水层施工完经 24 h 蓄水试验无渗漏现象。板块面层表面的坡度符合设计要求，不倒泛水、无积水，与地漏、管道接合处严密牢固、无渗漏。 ② 门窗工程。塑钢窗安装尺寸符合设计要求，材料合格证、检测报告齐全，胶条、密封条及配件符合要求。玻璃安装牢固，五金配件安装齐全，门窗无倒翘现象。 ③ 外墙涂料工程。外墙涂料合格证、检测报告齐全，粉刷无透底、无留坠、无明显色差，符合规范要求。 （5）建筑给排水及采暖工程。本工程包括给水管道及配件安装、排水管道及配件安装、采暖管道及配件安装。材料合格证、检测报告齐全，各管道安装型号、位置、数量符合设计要求，管道清洗、试压、通水试验符合规范要求，各分项工程施工完工后及时报验，经过验收后达到合格标准。

（续表）

（6）建筑电气工程。本工程包括照明配电箱安装、电线电缆导管和线槽敷设、线槽敷线、普通灯具安装、开关安装、插座安装、接地装置安装、避雷引下线敷设等分项工程。电气材料合格证、检测报告齐全。各项安装符合规范要求，线路布置、线径符合设计要求。 四、工程质量总体评价 我单位在施工过程中严格管理，对材料和分项工程质量严格把关，各分项工程均能及时报验检查。经过检查达到合格标准。现请建设单位组织本工程的设计单位、施工单位、监理单位对工程进行竣工验收。 施工单位：××建筑工程有限公司 法定代表人：××× 项目负责人：××× 20××年××月××日

（二）工程竣工验收报告

住房城乡建设部关于印发《房屋建筑和市政基础设施工程竣工验收规定》的通知

建设单位组织工程竣工验收组对工程进行竣工验收，在认为工程合格的基础上，应综合参建各单位的档案和报告内容，按工程竣工验收的规定填写工程竣工验收报告。

工程竣工验收报告应一式五份，建设单位、设计单位、施工单位、监理单位和城建档案管理机构各保存一份。工程竣工验收报告可采用表 5-8 的格式。

表 5-8　工程竣工验收报告

××工程竣工验收报告
一、工程概况 本工程由××市开发公司投资建设，由××勘察与设计院勘察与设计，××监理有限公司监理，××建筑工程有限公司施工。 本工程建筑面积为 4 314.17 m^2，地上五层，结构类型为框架结构。本工程设计等级为三级，建筑防火等级为二级，使用年限为 50 年，主要功能为教学、办公。本工程于 20××年 3 月 1 日开工，20××年 11 月 28 日完工。 二、建设单位执行基本建设程序情况 本工程竣工验收严格执行基本建设程序，相关手续已按规定的程序完成。工程完工后由施工单位进行自检，合格后由监理单位审核工程竣工验收资料并现场查验工程质量，进行工程预验收。 建设单位组织勘察单位、设计单位、施工单位、监理单位进行四方验收，根据相关的施工验收规范及强制性标准对工程竣工验收资料审核查验，对工程质量、完成情况进行验收。 三、对勘察、设计、施工、监理等方面的评价 建设单位对参建各单位所做的工作表示肯定，勘察单位、设计单位、施工单位、监理单位在参建本工程的施工过程中严格执行了相关的法律、法规、规范及强制性标准，为工程的顺利竣工验收做出了很大努力。勘察单位、设计单位、施工单位、监理单位按专业分组，分别对工程实体和工程竣工验收资料进行了验收，并提出验收意见。针对验收中提出的问题，施工单位已经全部整改完毕，由相关单位复验、通过，并将各单位签署的整改报告提交相关单位存档。

（续表）

本工程建筑设计较为合理且能满足使用单位要求，在施工过程中监理单位尽职尽责，施工单位精心施工，克服了各种困难，运用了节能材料，实行了科学的管理措施，圆满地完成了施工任务并达到验收规范的标准及合同约定的要求。 四、工程竣工验收情况 20××年 11 月 28 日，根据《房屋建筑和市政基础设施工程竣工验收规定》的要求，建设单位组织了工程竣工验收。参加验收的人员组成符合要求。 经过建设单位、勘察单位、设计单位、施工单位、监理单位共同密切配合，××工程已经顺利完工。参建各单位已经出具了竣工报告。工程各项综合指标已全部达到国家验收标准，符合工程竣工验收条件，并经各单位确认。施工技术资料已收集、整理完善，各单位签字齐全有效。工程实体已经检测，满足设计要求及施工质量验收规范。 五、工程竣工验收意见 工程质量符合设计和施工验收规范要求，工程竣工验收合格，通过验收。 建设单位：××市开发公司 项目负责人：××× 20××年××月××日

（三）房屋建筑工程质量保修书

房屋建筑工程质量保修书是施工单位在房屋建筑工程竣工后，对房屋建筑工程在一定期限内出现的质量问题承担免费保修责任的书面承诺。房屋建筑工程质量保修书主要包括工程质量保修范围和内容、质量保修期、质量保修责任、保修费用等内容。

房屋建筑工程质量保修书由施工单位填写，应一式两份，建设单位和城建档案管理机构各保存一份。房屋建筑工程质量保修书可采用表 5-9 的格式。

表 5-9 房屋建筑工程质量保修书

房屋建筑工程质量保修书
发包人：××市开发公司 承包人：××建筑工程有限公司 发包人、承包人根据《中华人民共和国建筑法》《建设工程质量管理条例》《房屋建筑工程质量保修办法》，经协商一致，对××工程（工程名称）签订工程质量保修书。 一、工程质量保修范围和内容 承包人在工程质量保修期内，按照有关法律、法规、规章的规定和双方约定，承担本工程质量的保修责任。 工程质量保修范围包括地基基础工程、主体结构工程，屋面防水工程、有防水要求的卫生间、房间和外墙面的防渗漏，供热与供冷系统，电气管线、给排水管道、设备安装和装修工程，以及双方约定的其他项目。具体保修内容，双方约定如下：（略）。

（续表）

二、质量保修期 双方根据《建设工程质量管理条例》及有关规定，约定本工程的质量保修期如下。 （1）地基基础工程和主体结构工程为设计文件规定的该工程合理使用年限。 （2）屋面防水工程、有防水要求的卫生间、房间和外墙面的防渗漏为5年。 （3）供热与供冷系统为2个采暖期、供冷期。 （4）电气管线、给排水管道、设备安装工程为2年。 （5）装修工程为2年。 （6）住宅小区内的给排水设施、道路等配套工程为2年。 （7）其他项目质量保修期限约定如下：（略）。 质量保修期自工程竣工验收合格之日起计算。 三、质量保修责任 （1）属于保修范围和内容的项目，承包人应当在接到保修通知之日起7天内派人保修。承包人不在约定期限内派人保修的，发包人可以委托他人修理。 （2）发生紧急抢修事故的，承包人在接到事故通知后，应当立即到达事故现场抢修。 （3）对于涉及结构安全的质量问题，应当按照《房屋建筑工程质量保修办法》的规定，立即向当地建设行政管理部门报告，采取安全防范措施；由原设计人或者具有相应资质等级的设计人提出保修方案，承包人实施保修。 （4）质量保修完成后，由发包人组织验收。 四、保修费用 保修费用由造成质量缺陷的责任方承担。 五、其他 双方约定的其他保修责任事项：（略）。 本工程质量保修书由施工合同发包人、承包人双方在工程竣工验收前共同签署，作为施工合同附件，其有效期限至质量保修期满。 发包人：××市开发公司　　承包人：××建筑工程有限公司 法定代表人：×××　　法定代表人：××× 20××年××月××日　　20××年××月××日

（四）建设工程竣工验收备案表

建设工程竣工验收备案是建设单位在建设工程竣工验收后，将建设工程竣工验收报告和规划、消防、环保、民防、防雷、档案等部门出具的验收文件或意见报建设行政管理部门审核的过程。建设单位应当自建设工程竣工验收合格之日起 15 日内进行建设工程竣工验收备案，并填写建设工程竣工验收备案表。

建设工程竣工验收备案表由建设单位填写，应一式五份，建设单位、设计单位、施工单位、监理单位和城建档案管理机构各保存一份。建设工程竣工验收备案表可采用表 5-10 的格式。

表 5-10 建设工程竣工验收备案表

<table>
<tr><td colspan="2">建设单位</td><td colspan="3">××市开发公司</td></tr>
<tr><td colspan="2">工程名称</td><td colspan="3">××工程</td></tr>
<tr><td colspan="2">工程地址</td><td colspan="3">××省××市××号</td></tr>
<tr><td colspan="2">建设规模</td><td colspan="3">4 200 m^2、5 000 万元</td></tr>
<tr><td colspan="2">结构类型</td><td colspan="3">现浇混凝土框架</td></tr>
<tr><td colspan="2">工程用途</td><td colspan="3">教育</td></tr>
<tr><td colspan="2">开工日期</td><td colspan="3">20××年××月××日</td></tr>
<tr><td colspan="2">竣工验收日期</td><td colspan="3">20××年××月××日</td></tr>
<tr><td colspan="2">施工许可证号</td><td colspan="3">××××</td></tr>
<tr><td colspan="2">施工图审查合格证书号</td><td colspan="3">××××</td></tr>
<tr><td colspan="2">勘察单位</td><td>××勘察与设计院</td><td>资质等级</td><td>甲级</td></tr>
<tr><td colspan="2">设计单位</td><td>××勘察与设计院</td><td>资质等级</td><td>甲级</td></tr>
<tr><td colspan="2">施工单位</td><td>××建筑工程有限公司</td><td>资质等级</td><td>一级</td></tr>
<tr><td colspan="2">监理单位</td><td>××监理有限公司</td><td>资质等级</td><td>甲级</td></tr>
<tr><td colspan="2">工程质量监督机构</td><td colspan="3">××市质量监督站</td></tr>
<tr><td rowspan="5">竣工验收意见</td><td>勘察单位意见</td><td colspan="3">合格
单位（项目）负责人：×××
（盖章）
20××年××月××日</td></tr>
<tr><td>设计单位意见</td><td colspan="3">合格
单位（项目）负责人：×××
（盖章）
20××年××月××日</td></tr>
<tr><td>施工单位意见</td><td colspan="3">合格
单位（项目）负责人：×××
（盖章）
20××年××月××日</td></tr>
<tr><td>监理单位意见</td><td colspan="3">合格
总监理工程师：×××
（盖章）
20××年××月××日</td></tr>
<tr><td>建设单位意见</td><td colspan="3">合格
单位（项目）负责人：×××
（盖章）
20××年××月××日</td></tr>
</table>

（续表）

工程竣工验收备案文件目录	1．建设工程施工许可证。 2．施工图设计文件审查合格证书（超限高层建筑结构的抗震专项审查批准书）。 3．勘察、设计单位工程质量检查报告。 4．施工单位工程竣工报告。 5．监理单位工程质量评估报告。 6．工程竣工验收报告。 7．规划、消防、环保、民防、防雷、档案等部门出具的验收文件或意见。 8．房屋建筑工程质量保修书。 9．住宅质量保证书和住宅使用说明书。 10．法规、规章规定必须提供的其他文件。
备案意见	工程竣工验收备案文件于20××年××月××日收讫，予以备案。 备案经办人：××× 备案机关负责人：××× 20××年××月××日

竣工图的绘制与工程竣工资料的整理，不仅是工程师们技术能力的展现，更是他们责任与担当的直观体现。每一笔细致的勾画、每一项精确数据的核实，都凝聚着工程师们的辛勤付出与智慧结晶。他们以严谨细致的工作态度，确保工程质量的精益求精、品质卓越；他们以一丝不苟的工作精神，保障工程竣工资料的准确无误、完整详尽。这种对职业精神的坚守和追求，不仅体现了工程师们对工程的尊重与热爱，更是他们向社会做出的庄重承诺。

项目实施——分析竣工图及工程竣工资料管理流程中的问题

1．实施背景

某工程进入工程竣工阶段，参建各单位开始准备工程竣工阶段需要的资料。在这个过程中，发生了如下事件。

事件1：建设单位委托施工单位绘制竣工图，施工单位使用涂改液涂抹的方法在施工蓝图上直接修改作为竣工图。

事件2：在竣工验收前，监理单位对施工单位提交的所有资料进行了全面检查，发现施工单位没有提交房屋建筑工程质量保修书。

事件3：建设单位在工程竣工验收合格后第25天进行了建设工程竣工验收备案，并填写了建设工程竣工验收备案表。

2. 实施步骤

（1）根据实施背景，学生以小组为单位组织讨论以下问题。

① 事件1中，施工单位的做法是否正确？正确的做法是什么？

② 事件2中，施工单位未提交房屋建筑工程质量保修书可能会带来哪些后果？监理单位应如何处理这一发现？

③ 事件3中，建设单位的做法是否正确？如果备案不及时或信息不完整，建设单位可能面临哪些法律责任？

（2）各小组选派代表对上述问题进行回答。

（3）指导教师对各小组的回答进行点评。

问题分析提示

① 事件1中，施工单位的做法不正确，不能使用涂改液涂抹的方法在施工蓝图上直接修改作为竣工图。正确做法应包括以下几点。

a．当工程变更不大时，施工单位可将原施工图加以修改，附加必要的说明，作为竣工图，并标注修改依据和竣工图绘制单位及绘制人。

b．当工程变更较大时，施工单位应重新绘制竣工图，并加盖竣工图章。

c．竣工图应完整、准确、清晰、规范、修改到位，真实反映项目竣工验收时的实际情况。

② 事件2中，施工单位未提交房屋建筑工程质量保修书可能会带来的后果是被要求限期改正，并被处以罚款。此外，还可能影响其工程款的结算和后续工程的承接。监理单位发现此问题后，应及时向建设单位报告，并要求施工单位尽快提供完整的房屋建筑工程质量保修书。

③ 事件3中，建设单位的做法不正确。建设单位应当自建设工程竣工验收合格之日起15日内，将建设工程竣工验收报告和规划、消防、环保、民防、防雷、档案等部门出具的验收文件或意见报建设行政管理部门或者其他有关部门备案。如果备案不及时或信息不完整，建设单位可能会被处以罚款，并可能面临其他法律责任。

项目综合考核

1. 填空题

（1）竣工图可由____________组织绘制，也可由____________委托施工、监理、设计等单位绘制。

（2）竣工图的绘制方法有__________________、利用翻晒硫酸纸底图改绘、重新绘制和利用电子版施工图改绘等 4 种。

（3）利用施工蓝图改绘一般可采用杠（划）改法或____________。

（4）重新绘制的竣工图应与______________比例相同。

（5）A3～A0 图纸应在装订边_______mm 处折一三角或剪一缺口，并折进装订边。

（6）施工单位工程竣工报告应一式四份，_____________、_______________、__________________和__________________各保存一份。

（7）房屋建筑工程质量保修书由______________填写。

2. 选择题

（1）（　　）是建筑工程竣工档案的重要组成部分，是工程竣工验收的必备条件之一，也是建筑工程维修、管理、改建和扩建的依据。

A. 竣工图　　B. 施工图

C. 设计图　　D. 施工日志

（2）折叠后图纸幅面尺寸应以（　　）图纸为标准。

A. A1　　B. A2

C. A3　　D. A4

（3）A4 图纸 $b \times l$ 是（　　）。

A. 594×841　　B. 420×594

C. 297×420　　D. 297×210

（4）工程竣工验收报告由（　　）填写。

A. 建设单位　　B. 监理单位

C. 施工单位　　D. 设计单位

（5）建设单位应当自建设工程竣工验收合格之日起（　　）日内进行建设工程竣工验收备案，并填写建设工程竣工验收备案表。

A. 30　　B. 20

C. 15　　D. 10

3. 简答题

（1）简述竣工图的绘制要求。

（2）竣工图纸的折叠应符合哪些规定？

（3）什么是房屋建筑工程质量保修书？

（4）什么是建设工程竣工验收备案？

4. 案例分析题

某住宅楼工程经过两年的紧张施工，终于进入竣工阶段。建设单位、施工单位、监理单位等参建各单位开始准备工程竣工所需的资料。在这个过程中，发生了一系列关于资料缺失或不精确的事件。

事件 1：监理单位发现施工单位提交的资料中缺少部分施工记录、材料检验报告及隐蔽工程验收记录等关键性文件。

事件 2：由于施工单位在施工过程中对部分设计变更处理不当，导致竣工图与实际工程存在较大的差异。

问题：

（1）事件 1 中，关键性文件的缺失会对工程竣工产生什么影响？

（2）事件 2 中，施工单位应如何处理设计变更导致的竣工图与实际工程有差异的问题？

笔记

项目综合评价

指导教师根据学生对本项目的实际学习成果进行评价，学生配合指导教师完成如表 5-11 所示的学习成果评价表。

表 5-11 学习成果评价表

班级		组号		日期	
姓名		学号		指导教师	
项目名称	管理竣工图及工程竣工资料				
项目评价	评价内容			满分/分	评分/分
知识（40%）	竣工图			20	
	工程竣工资料			20	
技能（40%）	能够收集和整理竣工图及工程竣工资料			20	
	能够填写工程竣工资料			20	
素质（20%）	积极参加教学活动，主动学习、思考、讨论			5	
	逻辑清晰，准确理解和分析问题			5	
	认真负责，按时完成学习、实践任务			5	
	团结协作，与组员之间密切配合			5	
合计				100	
自我评价					
指导教师评价					

项目六

认识建筑工程资料管理软件

项目导读

建筑工程资料管理软件能够显著提升建筑工程资料管理的效率，确保建筑工程资料的安全存储，并可实现快速检索，同时能够实时跟踪建筑工程进度与成本，优化资源配置，辅助决策制订，帮助建设单位实现更高效、更规范的管理。

本项目主要介绍建筑工程资料管理软件的主要功能、安装和基本操作流程。

项目要求

知识目标

（1）了解建筑工程资料管理软件的主要功能。

（2）了解建筑工程资料管理软件的基本操作流程。

技能目标

（1）能够独立安装建筑工程资料管理软件。

（2）能够使用建筑工程资料管理软件做出完整的表格。

素质目标

（1）培养团队协作的精神。

（2）养成不断学习和创新的习惯。

班级____________　　姓名____________　　学号____________

项目工单

1. 思维导图

思维导图（见图 6-1）清晰地呈现出了本项目的学习要点。请学生根据思维导图来预习相关知识，以便更有针对性地学习。

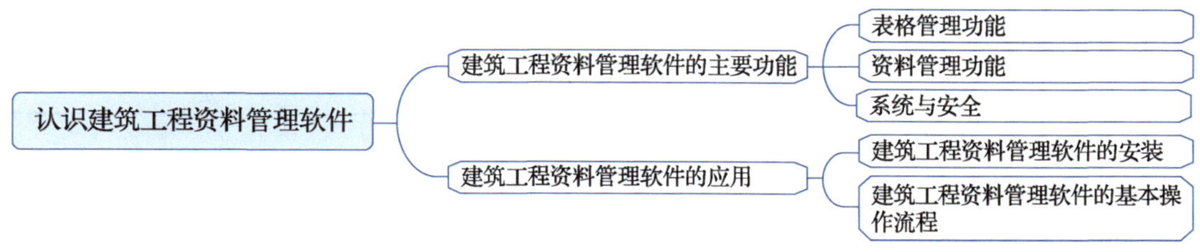

图 6-1　思维导图

2. 小组分工

以 3～5 人为一组，选出组长并进行分工，将小组成员及分工情况填入表 6-1 中。

表 6-1　小组成员及分工情况

<table>
<tr><td>班级</td><td></td><td>组号</td><td></td><td>指导教师</td><td></td></tr>
<tr><td>小组成员</td><td>姓名</td><td>学号</td><td colspan="3">分工</td></tr>
<tr><td>组长</td><td></td><td></td><td colspan="3"></td></tr>
<tr><td rowspan="4">组员</td><td></td><td></td><td colspan="3"></td></tr>
<tr><td></td><td></td><td colspan="3"></td></tr>
<tr><td></td><td></td><td colspan="3"></td></tr>
<tr><td></td><td></td><td colspan="3"></td></tr>
</table>

3. 工作准备

查阅相关资料并预习课本，了解建筑工程资料管理软件的主要功能和基本操作流程，并将其填入表 6-2 中。

表 6-2　建筑工程资料管理软件的主要功能和基本操作流程

主要功能	基本操作流程

班级____________ 姓名____________ 学号____________

4. 成长记录

按实际实施步骤，将实施内容及实施过程中遇到的问题和解决方法等全部记录在表 6-3 中。

表 6-3 成长记录表

序号	实施步骤	实施内容	实施过程中遇到的问题和解决方法等
1	打开软件		
2	用户登录		
3	新建工程/打开工程		
4	查找表格		
5	新建表格		
6	填写表格		
7	导出表格		
8	打印表格		
9	退出		

项目引入

某建筑工程公司，近年来随着业务规模的持续扩大，工程项目数量急剧增加，导致传统的纸质建筑工程资料管理方式无法满足项目管理需求。为了有效地提高工作效率，确保建筑工程资料管理的准确性和安全性，该公司决定引进一款建筑工程资料管理软件。经过综合考量，该公司选择了市场上技术成熟、口碑良好的建筑工程资料管理软件A，并进行了全面的系统部署和细致的员工培训。建筑工程资料管理软件A成功上线后，该公司在项目管理方面取得了显著的成效。

思考 目前市场上应用的建筑工程资料管理软件有哪些？这些软件有哪些主要功能？

一、建筑工程资料管理软件的主要功能

长期以来，建筑工程资料管理工作一直以工作量大，涉及面广，对应的各种规范、标准种类繁多，表格多样复杂而著称，为了适应现代建筑工程的发展，提高工作效率，提升管理质量，许多建筑工程资料管理软件应运而生。目前市场上应用较多的建筑工程资料管理软件是北京筑业志远软件开发有限公司开发的筑业工程资料软件。下面以该软件为例，简要介绍建筑工程资料管理软件的主要功能。

（一）表格管理功能

1. 提供表格模板

软件可提供工程资料表格模板，用户可以方便快捷地创建和填写所需的工程资料表格，大大提高了工作效率。同时，这些工程资料表格模板是根据国家和地方的相关法律法规、标准规范及行业惯例进行设计的，确保其具有合法性和规范性。

2. 自动填表与计算

软件具有自动填表功能，如自动导入工程常用信息等，可以减少人工输入量，提高工作效率。同时，软件还具有自动计算功能，用户只需要填写基础数据，软件即可自动完成相关计算，并生成相应的工程资料表格和报告。

3. 智能判断与分析

软件可对数据进行智能判断处理，如自动检测数据等级、自动添加和标记不合格点值等。同时，软件还具有智能化的数据分析与处理功能，可以帮助用户更好地理解和利用工程资料。

4. 自带画图工具

软件自带画图工具，用户可以用画图工具自己绘制图形，也可以从 CAD 软件复制图形进画图工具进行修改，可满足用户对图形的各种需求。

5. 表格输出

软件可导出多种格式的工程资料表格文件，如 Txt、Excel、Pdf 等；同时还可批量打印工程资料表格，用户可以根据需要设置打印选项，如打印张数、图章是否打印等。

（二）资料管理功能

1. 资料存储与分类

笔记

用户可以创建不同的文件夹和子文件夹来存储各种类型的工程资料，如图纸、合同、报价单、施工计划等。每份工程资料都可以通过关键词和标签进行分类，并按时间顺序进行排序。

2. 资料检索

软件具有强大的工程资料检索功能，用户可以通过关键词、标签或其他属性快速检索所需的工程资料；也可以根据多个条件进行组合查询，提高检索效率。

3. 版本比较

软件具有自动跟踪工程资料的修订历史和版本比较功能，用户可以查看工程资料不同版本之间的差异，从而进行选择。

（三）系统与安全

1. 在线服务与升级

软件具有在线服务功能，用户可以在线咨询、解决问题。同时，软件还具有在线升级功能，用户可以及时获取最新版本的软件和资料库，保持软件的先进性和实用性。

2. 多用户协作与安全

软件支持多用户同时访问和编辑资料，用户可以设置不同的权限级别，以控制对资料的访问和编辑权限。同时，软件还具有用户管理功能，只有有权限的用户才能访问软件，能够保障资料的安全性。

3. 备份与回收

软件具有自动备份和恢复功能，能够防止数据丢失，保障资料的完整性和可用性。

同时，软件还具有回收功能，用户误删的表格可以轻松找回，避免数据丢失。

二、建筑工程资料管理软件的应用

下面以“筑业资料北京版”为例，简要介绍建筑工程资料管理软件的安装和基本操作流程。

（一）建筑工程资料管理软件的安装

（1）在电脑中找到“筑业资料北京版.exe”安装文件，双击即可开始安装。

（2）在弹出的安装界面中，单击“立即安装”按钮即可实现一键安装，如图 6-2 所示。软件默认的安装目录为“D:\筑业建筑系列软件\北京工程资料软件”，用户可以根据需要单击“更改目录”按钮更改安装目录。

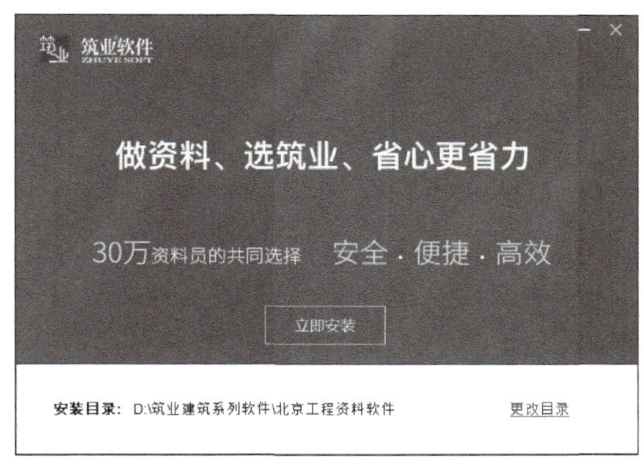

（a）

（b）

图 6-2 安装界面

（3）安装完成后，单击“立即体验”按钮，可以直接打开软件。这时在桌面上会生成一个“筑业资料北京版”的快捷方式，如图 6-3 所示。

筑业资料北京版

图 6-3 快捷方式

（二）建筑工程资料管理软件的基本操作流程

筑业工程资料软件的基本操作流程如图 6-4 所示。

建筑工程资料管理软件基本操作

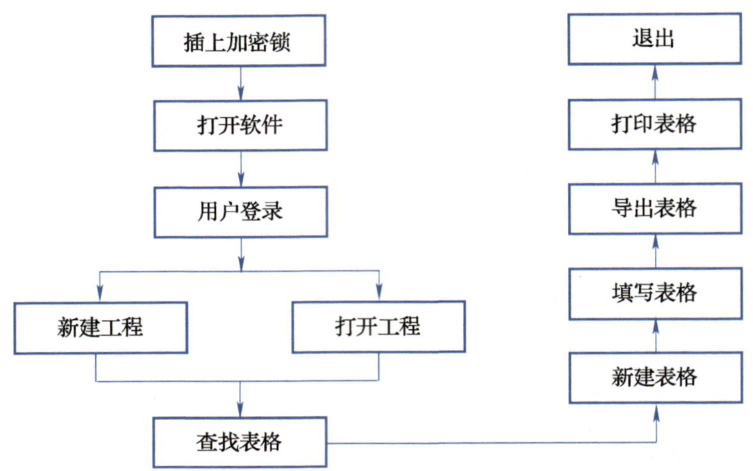

图 6-4 筑业工程资料软件的基本操作流程

在深入探究建筑工程资料管理软件时，我们不仅要从技术层面关注其具体应用，更要深刻认识到它在提升行业效率、促进团队协作方面所起的关键作用。这一管理工具的应用，使我们能够实现对项目信息的有序管理，进而实现资源的优化配置。此外，它也体现了现代社会对于高效、精准管理模式的追求，这种追求激发着我们持续探索、不断创新，共同为建筑行业的可持续发展贡献力量。

项目实施——使用筑业工程资料软件做出一个施工日志的表格

1. 实施背景

假如你正在参与一个名为“绿洲新城”的住宅小区建筑工程项目，该项目位于城市东部新区，占地面积约 200 000 m^2，计划建设高层住宅楼 10 栋，并配套有幼儿园、社区服务中心及地下停车场等设施。作为该项目的现场工程师，你需要每日记录施工过程中的重要信息、进度情况、质量问题、安全事项、天气状况等，以确保该项目顺利进行并便于后续资料整理与归档。

根据本项目所学的知识，针对上述实施背景，请你使用筑业工程资料软件做出一个施工日志的表格。

2. 实施步骤

1）打开软件

插上加密锁后，双击桌面上的“筑业资料北京版”图标，即可启动筑业工程资料软件。

2）用户登录

首次打开软件时，会弹出“用户登录”对话框，提示用户登录，如图 6-5 所示。如果没有用户名，可以单击左下角的“新用户注册”按钮注册一个用户名。如果有用户名，填写登录信息后，单击“登录”按钮，进入“工程向导”对话框。

3）新建工程

在“工程向导”对话框中，首先选择模板库的类型，然后在“工程名称”输入框中输入新建工程的名称，最后单击“新建”按钮，即可新建工程，如图 6-6 所示。

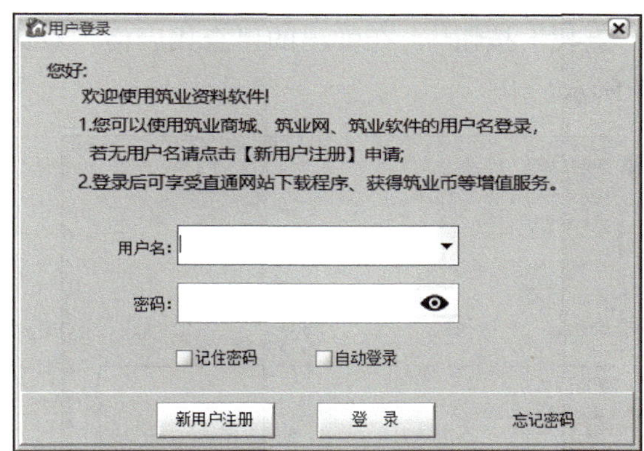

图 6-5 “用户登录”对话框

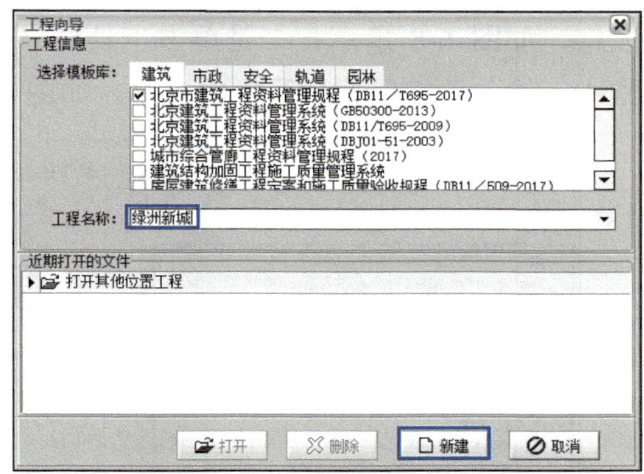

图 6-6 “工程向导”对话框

单击“新建”按钮后会有初始化操作，请耐心等待。软件初始化操作完毕后会打开“设置-工程信息”窗口，如图 6-7 所示。在这个窗口可以设置工程信息和各参建单位的基本信息（也可暂时不设置），然后单击“确定”按钮进入主窗口。

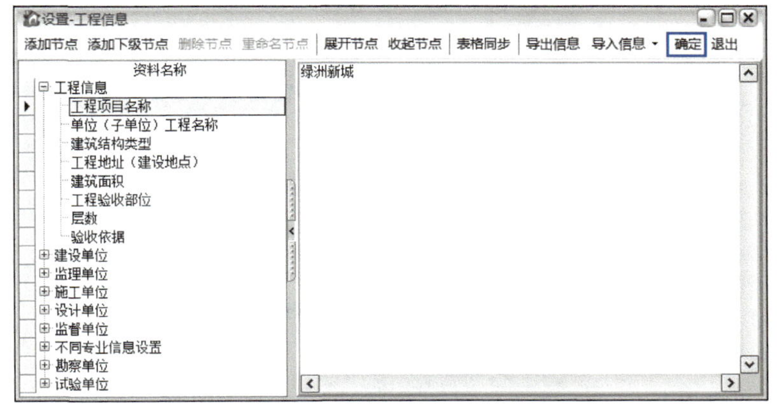

图 6-7 “设置-工程信息”窗口

通过主窗口工具栏的“打开工程”按钮，用户可以打开已建工程。

特别提示

一份规范的建筑工程资料，在设置工程信息时应注意以下几点。

（1）工程信息必须设置正确、完整。

（2）在同一项中有多条内容时，可按 Enter 键换行加入这些内容。

（3）在设置完工程信息退出后，若需要再次编辑，可单击工具栏中的“工程信息”按钮打开“设置-工程信息”窗口进行修改。修改完成后，在“设置-工程信息”窗口单击“表格同步”按钮可以更新工程信息。

4）查找表格

查找表格有两种方法，一是在主窗口左侧的“表格目录”窗格中，可以找到所需的表格，如图 6-8 所示；二是单击工具栏中的“查找”按钮，在弹出的“查找表格”对话框中，输入关键字找到所需的表格，如图 6-9 所示。

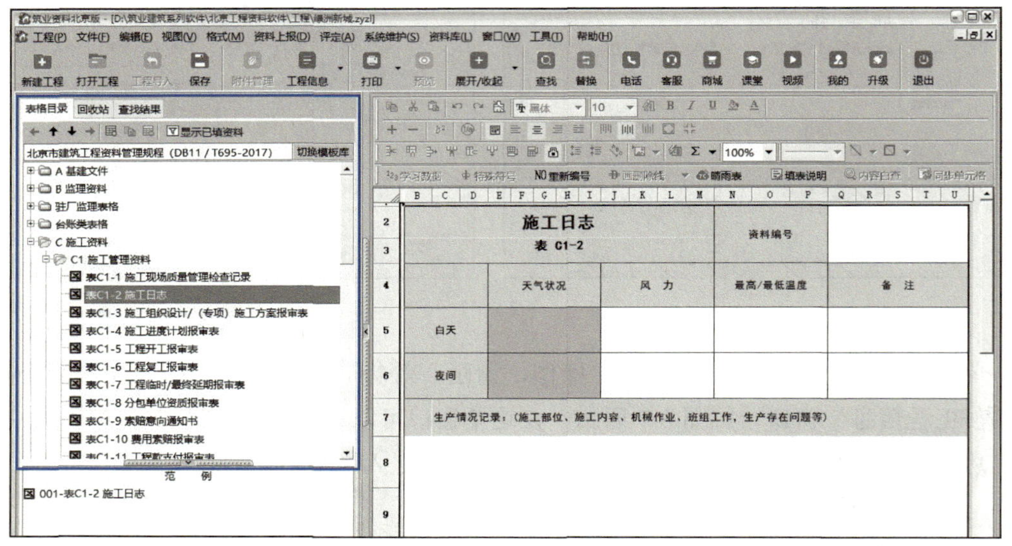

图 6-8 “表格目录”窗格

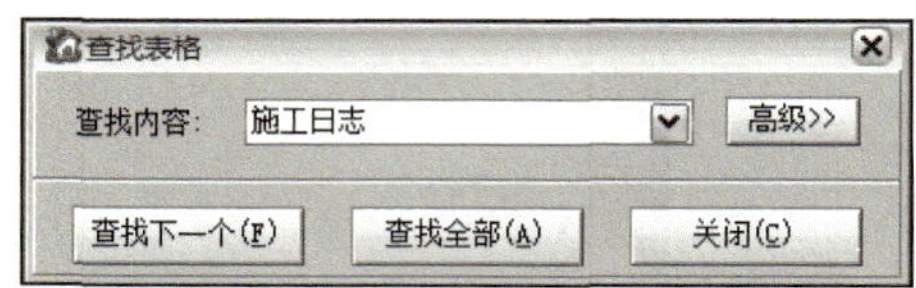

图 6-9 “查找表格”对话框

5）新建表格

找到需要的表格后，双击工作区的表格区域，会弹出“新建表格”对话框，在其中输入新的表格名称，然后单击“确定”按钮即可完成表格的新建，如图 6-10 所示。

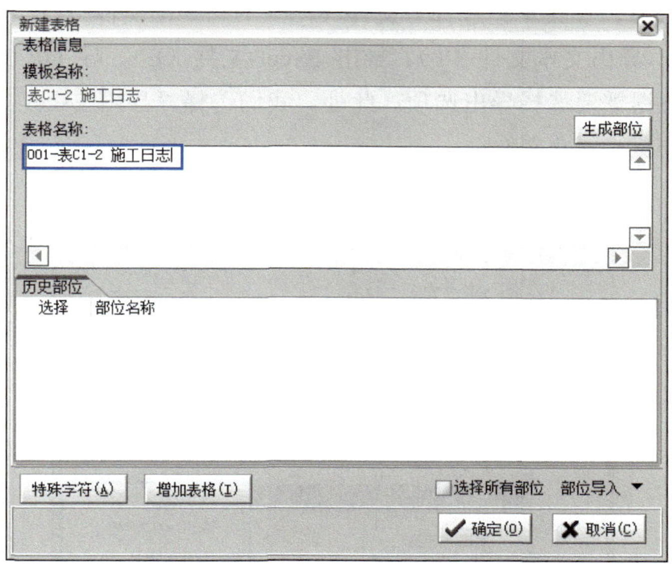

图 6-10 “新建表格”对话框

6）填写表格

表格新建好后，即可在工作区的空白单元格中填写具体内容了，如图 6-11 所示。

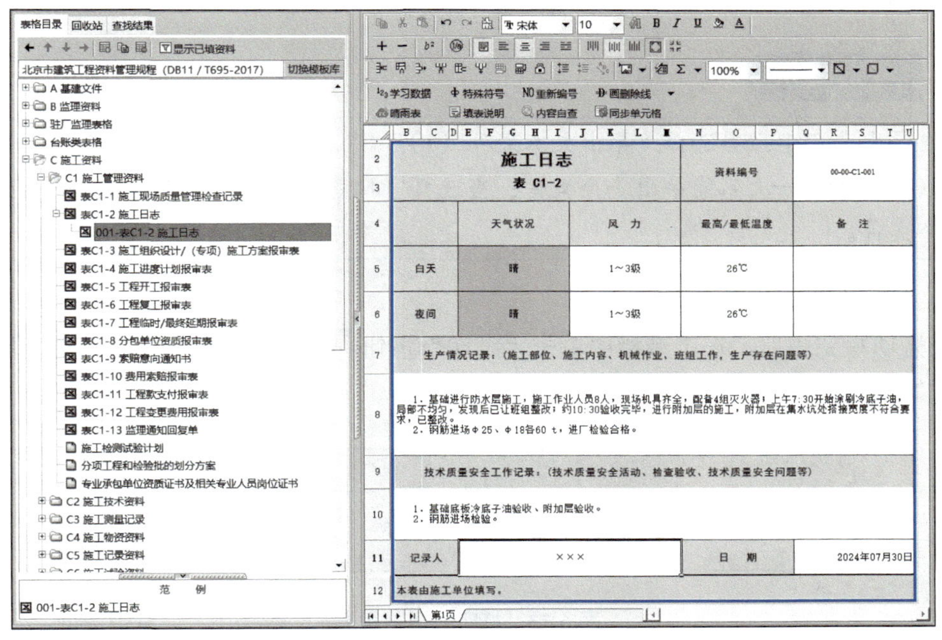

图 6-11 填写表格

7）导出表格

表格填写完成后，在菜单栏选择“文件（F）”→“导出文件（I）”，如图 6-12 所示，其下有 4 个选项：导出文本文件（T）、导出 Excel 文件（E）、导 Pdf 文件（P）、批量导出 Pdf（B），可根据需要选择导出选项。此处，我们选择“导出 Excel 文件（E）”选项，导出一个施工日志的 Excel 文件。

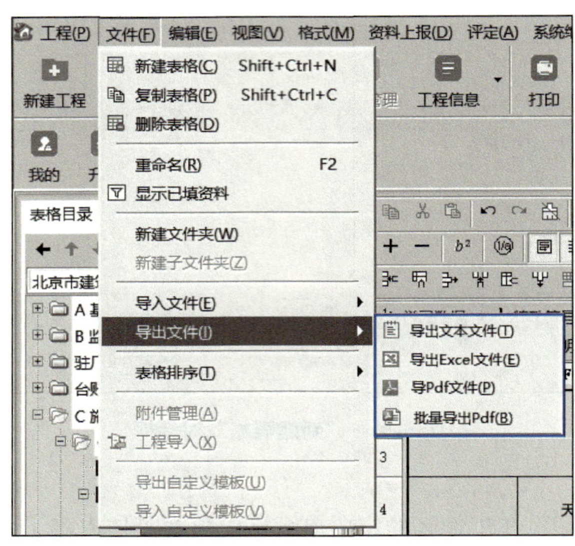

图 6-12　导出表格

特别提示

在导出选项中，当选择“导出文本文件（T）”“导出 Excel 文件（E）”或“导 Pdf 文件（P）”时，一次只能导出一个文件；当选择“批量导出 Pdf（B）”时，一次可以导出多个文件。

8）打印表格

表格填写完成后，在工具栏中单击“打印”按钮或“预览”按钮，可打印或预览表格，如图 6-13 所示。

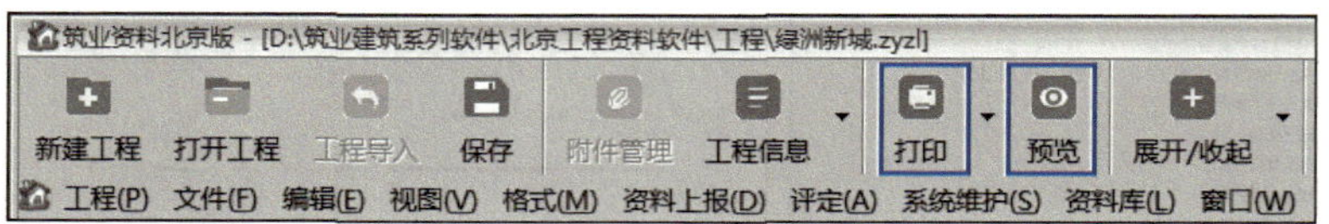

图 6-13　打印或预览表格

9）退出

完成表格的导出或打印后，单击工具栏中的“退出”按钮，弹出“系统提示”对话框，单击“是”按钮退出工程，如图 6-14 所示。

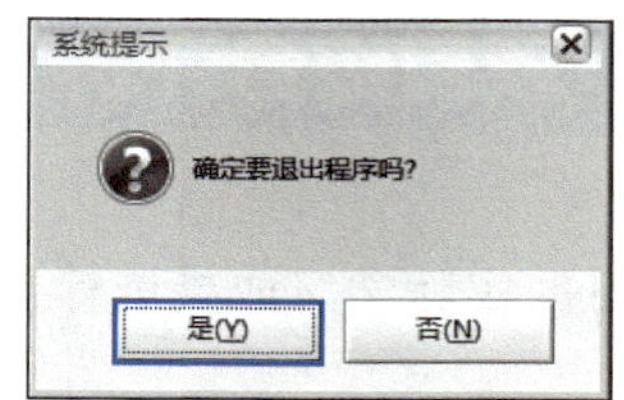

图 6-14 “系统提示”对话框

项目综合考核

1. 简答题

（1）简述建筑工程资料管理软件的表格管理功能。

（2）简述建筑工程资料管理软件的基本操作流程。

2. 案例操作题

某建筑公司承接了位于××市××区的“××国际大厦”项目，该项目是一座集办公、商业及酒店于一体的综合性大楼，总建筑面积为100 000 m^2。该项目地下三层为停车场，地上二十六层，包含写字楼、购物中心和五星级酒店。

在项目的实施过程中，该建筑公司对日常施工进行了检查和记录，以发现并纠正潜在的问题。同时，该建筑公司对各分项工程之间的交接进行了检查和记录，以确保后续施工能够顺利进行。此外，该建筑公司还严格进行了单位工程质量控制资料的核查与记录，以确保每一环节的质量数据准确无误，为项目整体质量管控提供坚实依据。

假如你是该建筑公司的项目负责人，请你根据本项目所学的知识，针对上述案例背景，使用筑业工程资料软件填写并打印以下表格。

（1）施工检查记录。

（2）交接检查记录。

（3）单位（子单位）工程质量控制资料核查记录。

项目综合评价

指导教师根据学生对本项目的实际学习成果进行评价，学生配合指导教师完成如表 6-4 所示的学习成果评价表。

表 6-4　学习成果评价表

<table>
<tr><td>班级</td><td></td><td>组号</td><td></td><td>日期</td><td></td></tr>
<tr><td>姓名</td><td></td><td>学号</td><td></td><td>指导教师</td><td></td></tr>
<tr><td>项目名称</td><td colspan="5">认识建筑工程资料管理软件</td></tr>
<tr><td>项目评价</td><td colspan="3">评价内容</td><td>满分/分</td><td>评分/分</td></tr>
<tr><td rowspan="2">知识
（40%）</td><td colspan="3">建筑工程资料管理软件的主要功能</td><td>20</td><td></td></tr>
<tr><td colspan="3">建筑工程资料管理软件的基本操作流程</td><td>20</td><td></td></tr>
<tr><td rowspan="2">技能
（40%）</td><td colspan="3">能够独立安装建筑工程资料管理软件</td><td>20</td><td></td></tr>
<tr><td colspan="3">能够使用建筑工程资料管理软件做出完整的表格</td><td>20</td><td></td></tr>
<tr><td rowspan="4">素质
（20%）</td><td colspan="3">积极参加教学活动，主动学习、思考、讨论</td><td>5</td><td></td></tr>
<tr><td colspan="3">逻辑清晰，准确理解和分析问题</td><td>5</td><td></td></tr>
<tr><td colspan="3">认真负责，按时完成学习、实践任务</td><td>5</td><td></td></tr>
<tr><td colspan="3">团结协作，与组员之间密切配合</td><td>5</td><td></td></tr>
<tr><td colspan="4">合计</td><td>100</td><td></td></tr>
<tr><td>自我评价</td><td colspan="5"></td></tr>
<tr><td>指导教师评价</td><td colspan="5"></td></tr>
</table>

参考文献

［1］刘尊明，张永平，朱锋．建筑工程资料管理［M］．3 版．北京：北京理工大学出版社，2023．

［2］李光．建筑工程资料管理实训［M］．4 版．北京：中国建筑工业出版社，2023．

［3］庞业涛，吴思．建筑工程资料管理［M］．2 版．北京：北京理工大学出版社，2023．

［4］孙伟，麦爽．建筑工程资料管理［M］．北京：北京大学出版社，2022．

［5］王辉，刘启顺．建筑工程资料管理［M］．4 版．北京：机械工业出版社，2023．

［6］李媛．建筑工程技术资料管理［M］．3 版．北京：人民交通出版社股份有限公司，2017．